国家出版基金项目
NATIONAL PUBLICATION FOUNDATION

U0508536

北流亡文学史料与研究丛书·史料卷

马加来往书简

白长青 编

北方联合出版传媒(集团)股份有限公司
春风文艺出版社
·沈 阳·

主　　编　张福贵
史料卷主编　李霄明

图书在版编目（CIP）数据

马加来往书简/白长青编. —沈阳：春风文艺出
版社，2019.11（2022.2重印）
（东北流亡文学史料与研究丛书）
ISBN 978 - 7 - 5313 - 5625 - 7

Ⅰ. ①马… Ⅱ. ①白… Ⅲ. ①马加（1910—2004）—
书信集 Ⅳ. ①K825.6

中国版本图书馆CIP数据核字（2019）第170253号

北方联合出版传媒（集团）股份有限公司
春风文艺出版社出版发行
http://www. chunfengwenyi. com
沈阳市和平区十一纬路25号　邮编：110003
永清县晔盛亚胶印有限公司印刷

责任编辑：姚宏越　刘　维　　　　责任校对：于文慧
封面设计：马寄萍　　　　　　　　幅面尺寸：155mm × 230mm
字　　数：144千字　　　　　　　印　　张：10
版　　次：2019年11月第1版　　印　　次：2022年2月第2次
书　　号：ISBN 978-7-5313-5625-7
定　　价：48.00元

目　录

丁玲给马加的信（2封）

1982年5月6日

马加同志：

前几天洛汀来看我。他说是特为代表你来的。我们非常感谢。我现特向你问好。一年来工作如何？身体如何？祝你们健康！祝你们合家好。

三十年前我曾经过沈阳，曾经过大连。真是时光易逝。你们今年约我再去，我真高兴。我一定来。重新领略大连湾海滨气候，而且借以躲债、还债。我想六月上旬或中旬来。更可以同老熟人聊天。那么，一切等见面时再谈。敬礼！

握手！

丁玲
五月六日

行前当再和你们联系。

1984年7月9日①

马加同志：

　　谢谢你。你的来信和来电都收到了。我从厦门回来后就住了一个月医院。我出院后，陈明又住院。现正在参加中宣部会，在中间便与舒群、魏巍、雷加、刘绍棠、牛汀等等筹办《中国文学》刊物。现已被准许。马加！我实在不愿搞什么刊物。但形势如此。莫奈何，只好出来。我求你帮帮忙。你如有稿子，就快些寄来，越快越好。我本来想多写点，可是我太忙，只好就先告诉你这件事。马加！这也是你所需要的刊物。我们一定慢慢来，把它办好。

丁玲

7月9日

---

　　① 该信见于1984年9月由丁玲、舒群主编的《中国文学》刊物创刊号的约稿函上。

陈明给马加的信（1封）

1984年4月15日

马加、申蔚同志：

　　信收到了。知道你们决定一同去厦大参加丁玲作品学术研讨会，大家将在南国海滨再一次欢聚，我们非常高兴。厦大来信，说会议延期，在六月举行。这一通知，不知你是否收到了？

　　二月间，我住院一个多月，动了一次小手术（切口疝）。五十年前（正是你的长篇中描述的喜峰口等长城抗战的时候），我在南方内地小城市上中学，阑尾穿孔，做过手术。五十年后，去年七八月间，腹内旧缝合处有裂口，肠子有时穿破裂口，凸出一团，约有鸡蛋大。现在做了手术，重新缝合，已病愈出院。目前在家里休息，精神、体力均在康复中。已无大碍，望勿念。丁玲除视力减退外，精神仍健好正常，堪以告慰。

　　我住院时，把《北国风云录》读完了。我是受过"一二·九"的洗礼的学生，又在北大荒生活了十二年。对你书中的人物，乡土风情，感到十分亲切。你在书中重现的那一段历史，对于今天的小青年们，有着极其现实的教育意义。祝你笔健。希望不久还能读到新作。祝俪安！

陈明
4.15

丁玲附笔致意。

萧军给马加的信（1封）

1979年10月12日

马加同志：

我和萧耘于九月二十一日回到北京。回来后即被诸种琐事所困，一直到今天才理出一个头绪来，迟迟奉告，请原谅。

首先向您和申伟①以及石光、树人、思基——延安的一些老同志表达我的衷诚感谢！也请您代我向省文联、市文联、省作协以及省党组、市党组各级招待我们的负责同志，以及其他方面的同志，表示我衷诚的感谢！

文代会时，有暇请到舍下谈谈。敬祝

近好！

申伟同志均此

萧军

79.10.12

① 此处申伟应为申玮（笔名申蔚），马加的夫人。

柳青给马加的信（2封）

1972年3月24日

马加同志：

3月17日的信，21日午后转到手。西安的邮戳是20日的。可见转得不慢。

看到这封信，不胜感慨系之。看到信前，还是遥远的，渺茫的一个人，瞬息却在眼前了。看来只要留在人间，总有比邻之日的。去年五月间，我曾投亲在绥中农村住了旬日，北望辽原，自然会想到你和其他愿意想的人。惜无确讯。一说你们在盘锦干校，另一说在新宾县落户①。有个大军战士说，帅府门口当年俱乐部的收发还在，但我还有天涯之感。听说地震以后，震区居民很想互相问讯，但怕续震不敢乱动，可笑。

你不断听到关于我的消息，来源如何，我很怀疑其准确性。71年②以来，国内、省内，甚至西安市内，关于我的传说，简直近乎离奇。人们的心意和来信所说的一样，无非是希望我继续为他们工作。

---

① 1972年年初，马加从内蒙古宁城县（当时划归辽宁省）转到辽宁省新民县（今辽宁省新民市），继续"插队落户"。4月，被"借调"回到沈阳，先在省新华书店创作组，后调省文艺创作办公室。他3月间给柳青去信时，还在新民县。

② 应为1971年。

有"消息"说二部已交稿，在审阅中，不久将出版。有从遥远农村来信，要求寄给他一本，因为那里尚未卖。我和儿女们从这里得到鼓励。这证明我有充分理由活着。而那些企图趁机将我折磨死的各种坏蛋没有任何道理。

经过这样大的一场震动，我的头发没有白。看望过我的人表示惊奇。其实道理很简单。我一直是无所畏惧，也不觉得羞愧。加给我的一切侮辱，我都把它看成是对他们自己的暴露。所以心情总是平静的。在差不多一年多的时间，我脸上从来没有过表情。经过大半年隔离的伙伴投井的那几天，饮食睡眠受到影响，但很快想开了。70年①死过几回，由于心情不紧张，都抢救过来了。那年9月7日上午，儿子寻来的救护车已经不拉我去医院，孩子们已经哭了我一阵。后来护士找来医生，拉到医院，经过两天两夜又活来了。71年②3月以后，能看书了。我读过世界通史、中国通史、美国史、纳粹德国史、赫鲁晓夫发迹史、中国近代史和两本回忆录。对人类和世界有些新的看法，感到生活更有意思了。"此去经年，应是良辰美景虚设。便纵有千种风情，更与何人说。"我没有这种陈腐的中世纪感情，经常和儿女们谈古说今，也罢了。

最近听说政策终于将在我身上落实。果如此，准备花几个月到外地看病，争取早日动笔。如果不能完成全部工作，能做多少算多少，死而后已。来信提到年纪，似可重新考虑。作家无论多大年纪，心情总是年轻的。否则怎么会有好作品所需要的激情呢？人类进步文学遗产，有几部是年轻人写的？要看见贾谊，也要看见司马迁。更可贵的是后者。他到晚年才写《史记》，他比基督还早一个世纪。他的遭遇、精神和工作，有几个可与伦比？学习最光辉的祖先是我们后到世界来的人的优越条件。千万不要再与世沉浮，跟上鬼跑了。起码要做到即使没有主见，也不跟上鬼跑。

① 应为1970年。

② 应为1971年。

司马迁说过："太上立德，其次立意，其次立功。"①最近几年的事实表明：旧文艺界普遍缺德，只想立意，不看对象立"功"，在我身边，被黑线捧上了天的名字，实际上是几堆狗屎。他们的丑恶灵魂令人作呕。看见他们，我都要吐。我认为，身体可以垮了，生命可以终结，灵魂必须完整无羔。这样的人，成就大小没有什么，至少有原则。

比你更远的地方，现在不知在什么角落，有一个人，我断定她至少和你一样怀念我。63年②在北京见面，可以看出她对我一直有崇高的感情，这种感情与性别无关。她从心眼里关心我的生活和事业，希望我老成初志。你如果感到对你没有什么不便，请你把这封信的内容转告她，把愉快分给她。我希望她的生活和工作，家庭和孩子们，都没有什么大不如意。68年③从小报上看到她一篇发言，当时就觉得她政治上欠老练，不应该做那样的发言。我担心她后期会受到影响，甚至出点问题。但愿她体面地经过这回考验。如果你愿意，请来信把她的情况告知。

人一生互相理解较深的人总是很少几个。鲁迅先生错把那么多人视为知己。这件事值得反复考虑，到底有哪些主观原因。

由于感慨，写了不少，批判地看。

握手。

L.Q

1972.3.24

来信："西安大学东路72号三排楼刘晓风收"

今年5月如果再到东北，一定和你见面。

---

① 此处"司马迁说过：'太上立德，其次立意，其次立功。'"应为"《左传》上说：'太上有立德，其次有立功，其次有立言。'"

② 应为1963年。

③ 应为1968年。

1973年4月10日

马加：

信悉。我于去年12月转至西安市。工资关系放在市政工组。照说是写作，实际还没开始。去冬改完第一部，完成第二部却非易事。不过摆出一个要完成四部的样子，作诗明志：

落户皇甫志如铁，谋事在人成在天。
灾祸累累无些时，草稿还我有生机。
难中三载显气节，棚窟四年试真金。
儿女待教登楼栖，晚秋再耕创业田。

每天少耕一块，耕到天黑卸牛。既然未被磨死，当然要做点什么。

5月10日左右仍去京。从青年出版社可知我的住处。好找。

余面谈。握手。

柳青

1973.4.10

刘白羽给马加的信（5封）

1983年11月16日

马加同志：

　　前几天，收到青年出版社寄送《北国风云录》。今天，又收你亲自签名的赠书，谢谢你，并向你祝贺。我记得"文化大革命"之前，你就跟我说过这一创作计划。中间虽几经波折（从你的序中看到），终于成书问世。这实在是令人万分高兴的事。

　　我自去秋退居二线，就着手写关于朱总司令的长篇报告文学，准备今年年底之前写完。即转事写东北解放战争的长篇小说。我几十年做组织工作，现在虽已不能尽如人意，但总算拿起笔来，只可惜太迟了。精力大不如前了。你写作十分勤勉，而且结构精练，这是大值得我学习的。

　　今夏曾去大连三十二日，惜未能一见。离京前，去医院看过巍伯。当时，他情况很危急。最近，穆紫来说，大有好转了。老朋友愈来愈少了，令人颇有迟暮之感。

　　祝好！

刘白羽

83.11.16

1986年1月22日

马加同志：

信收到，非常感谢你。

你眼疾治好，为大幸事。听王维玲同志讲你每日坚持写作，十分感动。我多年做行政工作，八二年（1982年）退居二线，花一年多写了《大海》，现奉上一睹，请你指教。

我今年也七十岁了。现正写一个长篇。我多年不动笔，加以年老体衰，自然很吃力了。但总要勤恳做去，向你学习。能否有所成，那就很难说了。

祝春节好！

白羽

1986年1月22日

1986年6月23日

马加同志：

你寄来的书和信都收到了。我正在住医院，迟至现在才作复，请原谅。读了你写的哈尔滨回忆文章，感触甚深。当时我们可谓风华正茂，现在则都老了。我今年也七十岁了，勉力而为，写出一些东西，再为革命尽一点力。不过时时也力不从心了。中国青年出版社的王维玲说到你孜孜不倦，每日写作。这对我是一个鞭策。延安的老熟人愈来愈少了。前两个月和老金见了一面，看情况他还挺好。

问候申蔚同志。

刘白羽

1986年6月23日

1990年2月6日

马加同志：

前天，你的信从机关里转来，非常高兴，非常高兴。

的确，老朋友不多了，因此常常想到你。前一阵听说你目力欠佳，每天能坚持写几百字，不知现在怎样？明信片上，你写的字很小，很清楚。可否治疗好了。

读了你的长篇小说①，很精彩。特别是写东北家乡那些章，可谓定总之作。听说你在写续集，也许会写到延安，我一直翘首以待。

我身体很好。在写一部长篇回忆录。每天能写一个上午。不知何时能够写出。

问全家好。

白羽

2月6日

写信不要写到机关，那样会耽搁很久。

1995年9月23日

马加同志：

来信收到。

我们命运相同。你还好，有子女在旁。我两个孩子，都在国外。孤寂一人。现在，每天写一小时，以消磨岁月，如此而已。

辽宁（省）作协情况好转，甚佳。又修筑老作家资料馆。是你们

---

① 此处指马加的长篇小说《北国风云录》。

努力的结果，可贺。

白羽

1995.9.23

注：马加2004年10月21日在沈阳因病（肺内感染）去世。刘白羽追悼马加的唁电如下：

马加同志治丧小组办公室：

惊悉马加同志逝世，万分悲恸。马加以不甘做亡国奴的雄心壮志，流浪入关，径至延安。他是一个忠心耿耿的优秀共产党员，为革命，为人民，做出伟大的贡献。我爱他，敬他，遥望苍天，泪如雨下。谨向他致以衷心悲悼，并慰问家属。

刘白羽

2004年10月25日

周而复给马加的信（9封）

1978年2月16日

马加同志：

昨奉书信，欣喜近况。我辈深受"四人帮"迫害。姚文元反动文痞点名批判我于前，张春桥和江青默纵之于后，必欲置我于死地而后快。而我幸存，且健康，并看到他们垮台，确是大快人心。近在写怀念周总理长篇叙事诗，约五千行。须徐徐推叙，书数月后杀青。"支票"说于人民日报发出，明秋当有新作问世。长诗或小说尚未定。你有长篇小说计划甚好。慢工出细活。文艺创作不必急于早日发表，宁慢但要好，当拭目以待大作问世。沈阳文艺界情况如何？原有作家仍在创作未？你除创作外担任编辑或作协分会等职务未？沈阳出何刊物，得便望寄一份看看，以便了解故人文艺活动情况。去年十一月下旬曾去宁夏协助筹办自治区成立二十周年纪念事宜（今年十月纪念）。最近已结束工作返京。工作之余，曾赴六盘山、贺兰山、工矿农村看看，可能写点短文，分怀塞上风光。我身体尚好，唯胃肠稍差。

阖府问好。匆此。并颂文安。

而复

1978年2月16日

1982年9月25日

马加同志：

大札敬悉。得知你来京出席党十二大①，未能叙谈，甚以为憾。

你专业从事创作，殊令人羡慕。写作不在争字数多少，重在质量。你写作虽慢，但创作态度严肃，对东北情况熟悉。写作之余，不妨去其他省市与基层走走看看，对计划中的写作不无帮助。我拟再写一部长篇，然后可以见马克思矣。阖府问候。

匆复并颂

文安

而复

1982.9.25

1985年9月9日

马加同志：

收来书，甚以为慰。八年抗日战争②取得胜利，同时世界反法西斯战争也取得胜利，中国与世界历史都是转折点。经过三年半解放战争，新中国诞生。战后许多国家独立，有的是社会主义国家。我党及其武装力量，如不在抗日战争中发展与不断胜利，不可能有解放战争的胜利，新中国诞生更不可能。惜此段重要历史，无人下功夫写。我自不量力，自找苦吃，有意于此已数十年矣。除亲身经历外，不断收集与积累、整理素材，且阅读数千万字材料与档案，写出比较详细提纲，动笔已数年。今年是抗日战争胜利四十周年，乃开始发表第一部《南京的陷落》。五十余万字。除《当代》发表外，《中国青年报》《文

---

① 马加当选辽宁省党的十二大代表到北京出席十二大。

② 实为十四年抗战。

学故事报》曾发表个别章节。十月出版社《长篇小说》将发表《淞沪烽火》(《南京的陷落》)上半部。预计明年下半年可出书。其时当寄奉，请指教。目前出版界风气不正，武侠、间谍、秘史与鸳鸯蝴蝶派泛滥，且任国家或省市出版社刊出。某些期刊亦受影响。革命的现实主义文学反而不被重视。我不过是量力而行，尽力而为，不为外界某些影响而左右。承老友嘉许，甚为感谢。

白内障初愈，需注意健康，勿劳累。你的长篇续集①进程如何？申伟同志②均此不另。匆此并颂

文安

而复

1985.9.9

1987年9月13日

马加同志：

大札已悉。仆系列长篇小说，已定名为《长城万里图》，取自《义勇军进行曲》："把我们的血肉，筑成我们新的长城！"以示全民抗战抵抗日本帝国主义侵略之意也。第二部已定稿。《文学故事报》选部分章节正连载中，明年可出版。文坛之事，一言难尽。从事社会主义文艺创作不被重视，以革命的现实主义又为过时，流行所谓意识流、魔幻现实主义，以及三无小说等。少数作品内容更不堪卒读。然而流行一时，近来稍敛迹。但评论界诸公，多沉默，看风行事。具真知灼见者不多，或对而不言。仆埋头笔耕，不为某些评论所左右。文章千古事，不在一时的得失也。群众与时间会有公正评论。你创作慢，但认真仔细。长篇最后一章，以早日写出初稿，徐

---

① 这里的续集指马加的长篇小说《北国风云录》的第二部《血映关山——神州烽火录》(中国青年出版社，1990年12月出版)。

② 申伟应为申玮，马加夫人。

徐修改为好。不宜拖延太久也。申蔚近况如何，有无新作？念念。匆复，并颂文安。

而复

1987.9.13

又：你眼底须早治。北京秋季乃最好季节，同时可以休养。仆月之十八日去四川参观考察，十月初即返京。

1990年2月11日

马加同志：

大札已悉。诚为昔人所云，岁寒然后知松柏之不凋也。世事每复如此。古往今来，是是非非。当时不易明了真相，经过时间老人证明，始水落石出者，比比皆是。故"风物长宜放眼量"，毛主席诗句乃警世名言。告别八十年代，转眼之间九十年代已过去四十余天。谨祝九十年代创作丰收。匆复并颂

文安

而复

1990.2.11

1994年2月3日

马加同志：

拜读手书，承蒙过誉，惶悚不安。弟以为八年抗日战争①属世界反法西斯战争的重要组成部分，关系中华民族生死存亡。吾辈亲历悲惨遭遇，或在晋察冀敌后，或在后方重庆等地，或在正面战场，尽力

---

① 实为十四年抗战。

斗争。"国家兴亡，匹夫有责"是也。因此，不顾艰难险阻，反映与描写此段史实，教育年轻一代，传承后人，了此夙愿，乃我辈老作家之职责也。

大驾所提加强群众力量，深获我心。故描写晋察冀群众抗日高涨热情与坚决斗争。第一步《南京的陷落》在《当代》发表时，群众斗争活动数章为编者大斧砍去，出版时也继续被砍，现拟争取补上。其余五部也都有教育群众与指战员（班、排长与士兵）描绘。知念，特此奉闻。

申蔚同志尿毒症①有否好转？肾功能不佳，排尿障碍，宜早日设法治疗。祝她早日恢复健康。匆复并颂

年安

而复

1994.2.3

1995年10月4日

马加同志：

大札敬悉。拙作承蒙过奖，愧不敢当。《长城万里图》六卷，花去晚年十六春秋，始完成夙愿。盖因抗日战争关系中华民族生死存亡之大事，不论有何遭遇，敢不努力完稿，以报国人。东北作家群首先以抗日战争作品问世，深受亡省之痛苦，惜以主客观原因，未能有较大规模抗战作品问世。不少作家先后去世，后继缺人。兄为现存东北老作家，《北国风云录》未识已否完篇？希继续努力，不断有力作问世，教育当代与后代子孙，实为至要。对东北作家设馆纪念②，甚为

---

① 马加夫人申玮（笔名申蔚）此时患有较严重的尿毒症，正住院治疗。

② 当时辽宁省图书馆正在筹备一个"三十年代辽宁籍著名作家资料馆"，收集萧军、端木蕻良、罗烽、白朗、马加、雷加、蔡天心等七位东北作家的生平与创作资料。

重要。需要多方收集有关七作家资料，整理展示后人。弟九月中旬赴杭州，出席全国抗日反法西斯文学讨论会，下旬返京。匆复并颂

　　日安

而复

1995.10.4

1996年9月12日

马加同志：

　　昨奉大札与辽宁省作协预约函，均悉。

　　1996年9月24日省作协举行"马加创作生涯研讨会"，文坛盛事，本拟参加。因近来身体不适，不能到会。特致数语，表示祝贺。详见附件，不赘。望转。

　　自1977年开始准备创作长篇小说《长城万里图》，花去十六春秋，写出六部初稿。先后分别在报刊连载、选载。于1995年终于全部出齐，并再版发行。业已售罄准备再版中。先后举行两次研讨会，贺信、贺电与评论等结集出版，名《长篇小说〈长城万里图〉评论集》，已付印。待内发，当寄奉。

　　匆此并颂

　　日安

而复

1996.9.12

1998年1月22日

马加兄：

　　收手书。承蒙对拙作《六十年文艺漫笔》过奖，愧不敢当。六十年来，实则我三十年代初即写作，现存小说《吴淞口的夕阳》，写于

1933年。而最初发表之文，则更早。屈指算来，从事文学创作近七十年矣。七十年来，沧海桑田，时光变化，人事沉浮，文艺界多灾多难，往往是非颠倒，黑白混淆。其中酸甜苦辣，未尝者甚少。只有个别"左"派仁兄，文坛打手，"文革"时期，摇身一变，企图攀附效忠中央首长江青。变色虫并非个别现象。多数延安时期文艺战士，不遭厄运，不蒙受冤屈幸运儿，屈指可数。弟今年将出散文选集四卷，其中大半怀念师友，悼念故旧，对含冤受屈者，聊述所怀。你坚守文艺岗位，辛勤笔耕，反映东北沦亡前后人民生活与斗争精神，成为后人精神财富。读者与历史主要重视的是作品，而不在于作者是否官高爵显，红极一时。文艺界不少"高官"，以领导自居，指手画脚，却无作品流传当前。广大读者甚至不知其有何代表作，更无从流传后世。凭附增价，身谢道衰。如有精品流传，则人亡业显。以此共勉。

诚如所言，不看一时，要看最后。最后有所成就，才是真正成功。某些文艺高官却笑不到最后，悲夫。

辛勤工作之余，当望注意健康。

匆复并颂

新春笔健，创作丰收。

而复

1998.1.22

魏巍给马加的信（2封）

1989年8月23日

马加同志：

你寄来的照片和来信都收到了。我们俩同方冰的合影，我觉得很宝贵。因为大家是很难得相聚的。

你的信使我感到特别亲切。你的记忆力这么好使我感到惊异。不错，我们的确是心灵相通的战友。你在创作中的认真、严肃和刻苦，给我留下了深刻的印象。我是很喜欢你的文字的。

来信未提到是否收到了《地球的红飘带》。我早已给您和方冰寄去了。是由辽宁（省）作协转的，望查询一下。

祝

秋安

魏巍
1989.8.23

1994年2月3日

马加同志：

从贺年卡上得知，你和申蔚同志去年摆脱一场重病[①]，实在令人感到庆幸和欣慰。我自前年起，身体即不如以前，你比我年纪大，自然更要小心注意。

你那本《北国风云录》我是仔细读过的。我认为写得实在好。你的功底厚，写得扎实，不愧是当年历史的真实记录。从表面看，似不为时所重，我看是会流传后世的。

我印象最深的也是抗日战争，我也想写写那时的青年人。现在还只开了个头，将来完成时当向你请教。

祝健康长寿。

问夫人申蔚同志好。

魏巍

94.2.3

---

① 1993年秋，马加和夫人申蔚均因病住院。

草明给马加的信（4封）

1984年2月28日

马加同志：

　　收到你的信和剪报。谢谢你的关心。说真的，我们当年工作，并不为将来有人记得自己。但是，过了若干年，被群众——特别是微不足道的群众想起来时，倒也感到快慰。回顾几十年，有些人争名夺利，唯我独左，如今安在哩？历史是最公正的。一个共产党员，只有努力工作，默默地工作，才是正道，或者说才是幸福！有些人咋咋呼呼，哗众取宠，或者被人捧上天，那高倒是很不幸的。马加同志，你是前者，我说你走的路是正确的，也是幸福的。

　　我生活在北京，但也相当孤陋寡闻。反精神污染，我双手举起赞成。我同意你的看法。至于怎么个搞法，不是我们这些孤陋寡闻的人清楚的。反正是个长期的任务。我认为胡乔木同志的重要文章，是我们搞文艺的人的一种很有力的思想武器，多学几遍有好处。

　　你眼疾不好，我耳朵太聋，说明都已进入高年。望多珍重！

　　祝好！

　　申玮同志均此问好！

草明
1984.2.28

1990年3月4日

马加、申蔚同志：

你们好！你们的贺年片，昨天才收到。已时隔一个多月了。原因是我于1988年7月搬到文联大楼来了。三里屯邻居虽有人代收信，但我们以为一年多，不会有信了。所以昨天纳嘉去看看，才收到。迟复了，请原谅！

看到马加同志的斜体亲笔字，分外高兴。这样的老同志、老朋友，为数已不多了。咱们闯过了多少次战争、运动、动乱啊！仍然屹立着，实在不容易。但愿你健康长寿，还能为党做许多贡献。你一向是身体好，七十高龄还写出长篇巨著，真叫人艳羡。像我这样多病之躯，虚度了七十多个春秋，没有写出过"轰动效应"的东西，真是说来惭愧。其实我并不羡慕"轰动效应"。但是产品默默无闻。特别这几年，连小青年都不知道我的名字了。我早就耳聋，现右眼白内障还长起来了。记忆力年来衰退得特别快。总的说是老了。

同楼还有严辰、逯斐。康濯也来了。作协住这个楼的老同志就这些。其他都是领导。马烽已来主持作协工作，住八里庄。思基同志还好吧。请代问一切熟人好！

请你们珍重！

祝健康长寿！

草明

1990.3.4

1991年6月21日

马加：

收到你的信，我很抱歉。不管出自什么原因，你没有收到请束，这是大大地违背了我的初衷！因为你为雷加的会出了力，所以雷加早早就关心我的这个会，提醒我这个会。我亲自多次叮嘱过鞍山方面，一定要请马加。我们50多年的朋友，而且共事很长时间。他们表示沈阳、鞍山请柬由他们发。我于七日到鞍山又查问他们，马加请柬发了没有？如未发，现在去电话也来得及。后来他们又说电话问过，请柬发了。但马加外出开会，金河出国，晓凡不在家。我心中还纳闷，你怎么会外出开会哩。结果使我心中负疚，对不起你，马加。

现在办事很不痛快。我采取的还是四十年代、五十年代的方式，既不会拍马，又不会送礼。但现在的人，非这两件事不可。真气人！为这个会，我急出了一场病，住院了。出院不到一个星期就赴鞍山开会，其紧张程度可想而知。回京第二天又发高烧了。幸而是感冒好得快。

你提的人情冷暖，我早就有感触。我弃官，迁往大工业城市鞍山，就是这个原因之一。当了官，不能下去亲近群众，不能写作，还成天受人排斥、嫉妒，钩心斗角。我干吗要受这种窝囊气？和工人在一起多痛快。既做了工作，又能改造思想，创作源泉还滚滚而来。不是因为得了一场病，我还留恋在鞍山的。后来在北京第一机床厂还不错，受到领导和工人的欢迎。谁知十年的阴暗的日子，给了我们很大的教训！好容易"四人帮"倒了，现出了光明。但资产阶级自由化对人——特别是青年人——的侵蚀，并不亚于"四人帮"的十年动乱。资产阶级自由化在不少人的脑子里不散。照现在使劲抓，恐怕也得一二十年才会好。像我们这样受党的教育几十年，十三级台风也刮不倒。可惜我们老了，即是活着也做不了多少了，这也是值得忧虑的。

你和我、雷加这样的人都是太老实。老实人就要吃亏。但是我宁愿吃"亏"。这个"亏"不过是名呀、利呀什么的。吃这种亏，并不可耻。建设社会主义，奔共产主义的理想，就要用这种态度。从这次会看，还有不少老同志理解我的，还是有许多中年同志对我抱有好感的。这次会，总算给了这些人说话的机会。我听了大家的发言，感到很意外。其实我几十年所走的道路和工作是很平常，没有多大贡献的。这次，总算我活着的时候听到了，所以说这个会还是开得好的，可以针砭一些时弊。

马加，说得太多了。就此住笔吧。平时请你多多保重！

祝

健康快乐！

草明
1991.6.21

1994年1月2日

马加、申蔚同志：

收到你们的贺年片，谢谢！

我们大家都老了，不时听到谁住院、出院——可见这是人生的规律，不可抗拒。唯一的办法是靠自己调整。生命也是可以延长的。可喜的是现在医疗条件好。但这副机器究竟旧了，所以主要靠自己调整，万事放宽心。困难的是，我们一辈子养成一种习惯——写呀，写呀。不过事到如今，只能适可而止。另外，不如意的事是不少的，而自己又无能为力，又不肯苟同。现在有人时兴一种安慰话："活着就是胜利。"聊以自慰吧！

从1991—1993年，我为开个60年研讨会和出一套文集，真是弄得焦头烂额。1993年办了这两件事，就住院两个月，回家休息了四个月（摔跤，脑震荡）。以致执笔忘字，错、白字连篇。奈何，奈何！只好说"闯过八十关就是胜利"了吧。

祝新春快乐！

草明
1994.1.2

李辉英给马加的信（3封）

1985年1月24日

马加乡兄：

此次京都相晤，不胜欢喜。辽宁代表思基，乃系东北师大的老同事，未悉已结婚否？作同事时则为一王老五。

兄之白内障是否已动手术？据说这是个小手术，好自护理，短时期即可复原。弟亦有白内障，程度不太厉害，迟早亦将动手术也。

相片一帧附入封内。摄影者技术不高，请谅之。祝文安。

弟李辉英敬上

元月二十四日

1985年6月30日

马加同志：

承赠大著一部，琳琅满目，美不胜收，现正在拜读中。邮费调整，出人意外，令人十分不快。前些邮费，似嫌偏低。一封平信，仅得八分。想系世界各国邮费最惊人的便宜。严格说来，照目前情势看来，一本书的定价，几乎到达令人不能置信的地步。再过些时，邮费大有可能超前一大截。文化人可能大为叫苦，奈何？弟生活如常，老

人病占领阵地，迟迟不去。减低邮资，或许能起调整也。书不尽言，就此顺颂

文安

弟李辉英
六月三十日

1987年1月5日

马加先生：

在北京晤面，我对兄觉着犹如昨日。可见吾兄养生有道，令人羡慕。眼疾情况如何？我现在乏善可陈，但见医药项下，开支日见增，花头诚然不少。

大驾来深圳时①，因不明内情，以致咫尺天涯，无从为力。而我自己犯了老病，手脚震颤不止，休想再做海阔天空游。我家在港，仅得三人。老妻与三子在时，已经买少见少。三子经常往来广州，几不似我家成员。老妻因须照顾学校，处处都是捉襟见肘，难得从容。如此如彼。此次台端南来，弟简直无从效力，歉何如之。连日阴雨，不知心境方面开朗否也。因为料及行程的一般情况，信索性寄到沈阳去。希望有个愉快的春节在迎接您。祝

文安

弟李辉英
元月五日

---

① 1986 年 11 月，马加与夫人申玮到广东深圳中国作家协会创作之家（西丽湖）休养。

端木蕻良给马加的信（7封）

1983年11月21日

马加同志：

　　收到《北国风云录》，翻开第一页，便感到语言亲切，乡土的感情，油然而生。它对青年一代，是一部很好的教科书。我和耀群都为您的精神所鼓舞。

　　嫂夫人健康恢复，请接受我们的致意。我因耀群髌骨前月折伤，南京召开的红学会，就没有去了。她已好，勿念！

　　当此即颂

　　笔健！

端木蕻良、耀群
11月21日

1985年2月11日

马加兄：

　　收到你寄来的照片，是今年元旦在京西宾馆的摄影。这可以说是最好的春节纪念物。因为，事物再重现是不可能的了。那天，我收到你的信时，本来很不舒服（感冒），但想到你的邀请并和耀黄见面，是有双重意义的。所以这张照片，很有纪念价值的。

借此春节东风，祝你万事如意，阖府均安。我一时怕去不了辽宁，因为今年又是一个大忙年。要把《曹雪芹》赶写完成。彼此彼此。当此，即颂

健安！

端木蕻良

1985.2.11

中卷5月可出，当奉上，请正。特告。

注：随此信附有端木蕻良的一亲笔画笺。上面画有数朵红梅。并题诗：

但愿人长久
千里共婵娟

马加兄嫂牛年新禧

端木蕻良

钟耀群

1988年11月29日

马加兄：

听说你病了。文代会听说你因病没来，今天收到信，才知你和嫂夫人都住院了①。也说是劳累所致。但你的长篇已经写成，是大好事。我和耀群向你庆贺。另外，有一事，要你努力支持。柳亚子先生

---

① 1988年10月，马加夫人申玮因心脏病住院，马加陪同住院并护理。

基金会与研究会（正在进行）我是发起人之一。我和尹瘦石商量，他在募集一批名家画作，包括刘海粟、吴作人等五十余人，都是名家。而这批画，协商由某省或某企业收藏，慨捐十万元，作为柳亚子基金。刘海粟一张画在香港就卖过十万元。咱们国家还缺少一个像样的美术博物馆。你是否可以在医院中与省领导同志们谈谈这个问题，由省里收藏这批画，又可为柳先生基金捐款。这个机会是再好不过的。因为这批老画家年纪都大了，十万元收存这批文化财富，对东北来说，目前和将来，都是一件促进艺术繁荣的好事。希望你恳切地和他们谈谈。如有需要，我即要尹瘦石开一张主要画家名单，保证作品都不是应付之作。在你养病期间要你劳神，大不应该。但如不成，望你早日告我，我再去蹚路去。

其他，以后再谈。

端木蕻良

11 月 29 日

1988年12月13日

马加同志：

谢谢你对柳先生研究工作的关心。收到我信，在病中，就与领导同志谈商，并且由博物馆昨天发来电报，表示愿意收藏这批名家作品。我现在先把情况稍详叙述如下："南社"是辛亥革命鼓吹最力的团体，柳先生是其盟主。柳先生生平俯首孙中山、列宁，你是知道的。柳先生的家属，小女儿柳无垢和我在清华同学，英语同班。她已过世。柳先生大女儿柳无非与各界人士发起为柳先生创立"柳亚子基金"。但中央有个规定，凡设立基金者，必须有十万元人民币方能注册。所以在筹备会第二次会议上，便推尹瘦石、黄苗子、郁风等，约请海内名画家捐助杰作，在首都展出（或到其他各地展出，另议），然后由单位或个人出资收藏。因为我们都不愿意这批画落到外国去，而时间又非常紧迫。因为要赶明年把事情办好，要找个体户或什么公司之类的，这些学术界人，又与之很少联系。当时，我以为你文代会会来京，可以面谈，由辽宁省博物馆收藏。因为我与徐平羽去内蒙古时，他说辽宁省博物馆收藏甚富，又具眼光。所以我有将这批画，由家乡收藏的念头。但是在会上没有见到你，收到你的信，知你和嫂夫人都住院，又与辽宁省领导朝夕相处，我才写信给你。知道诸公在病中，不忘桑梓之情，愿将此事玉成。现在，我代表筹备会，向诸公致以谢意。但我提出一个要求，请博物馆先准备出资十万元。这样，该基金会即可正式申请注册，免得我们这些秀才还得到处张罗。我今年已七十七岁了，我恨精神不足耳！作画名单，即由尹瘦石和郁风商定。以后，就由他们与博物馆协商，我不经手银钱。此事，务请兄与家乡领导再次商谈，把这事办成。我想，有刘海粟大师一幅，就值十万元呢。他也是发起人之一。他作画一年比一年少了。希望（他）能下决心为辽宁博物馆的宝库加添新的色彩。其余再谈。专此即颂

　　新禧！

　　　　　　　　　　　　　　　　　　　　　　　端木蕻良

马加兄：

　　你的诚挚的信收到。我收到电报即告知尹瘦石，他即找黄苗子、郁风来研究，推出五十名书画家。除了北京知名老、中书画家外，其余旁及各省市名家共五十幅，名单另附。我们都为家乡精神文明添财富而努力。难得盛烈馆长如此热情，极愿收藏。我已步入七十八岁之境，精力有限。但柳先生的事，家乡的事，我是要承担的。所以这次破例，向家乡募集十万元，万望作成。因为今年就要结束了，但愿在年前有限时间内，捐报笃定。上次信中，我已告知因有十万元才能作基金注册，不再复述。该会全称为：南社与柳亚子研究会。成立后会长是刘再复。集起后，即可在北京展出。展出

时说明由辽宁博物馆收藏。最好在今年底前，汇两万元装裱费用，钱即请直接汇交瘦石。

恭贺新禧！

全家好！

耀群附笔问候！

端木蕻良

12月13日

1994年2月11日

马加兄：

甲戌新岁，我和耀群在北京恳切拜年，祝万事如意，健康长寿，阖家欢欣。由雷加同志转告吾兄近况甚详。知嫂夫人住院，吾兄亲加护理，伉俪情笃，痊愈在即，为祝为祷。关于辽宁（省）图书馆事，我远在北京，记忆力又复欠佳，书信往还，太费周折。一切都由吾兄为主。你的意见，就是我的意见。由兄决断，绝无异议。春寒料峭，多加珍重。纸短情长，书不尽意。特祝新的一年来临取得更大丰收！

端木蕻良

甲戌岁首

1995年1月

马加大哥：

希望时间能逐渐减轻你的悲痛。听说你正在编辑申蔚同志的纪念集①，我们觉得对亲人的最好怀念，莫过如此了。盼早日问世！

---

① 马加夫人申玮（笔名申蔚）1994年9月去世后，马加任主编，编辑了一本纪念申蔚的《申蔚纪念集》。

又是一年，我们祝老大哥

身体健康，阖府

猪年大丰收！

端木、耀群拜年

95年元月

1995年10月4日

马加大哥：

您好！

您寄到作协的信，直到月底去领工资才接到。来不及发贺电。因此端木题了"开不败的花朵"和小注，现呈上。请转新民马加资料馆以表贺意①。

雷加同志在电话中也嘱我们代他表示祝贺。

感谢您为端木生日发来贺电。其实端木1912年中秋节生日，按说才83岁。但今年阴历闰8月，就是两个中秋。再贺一个阳历9月25日生日，一下子长了三岁，因此就成为85岁生日了。满族朋友去年为胡絜青做了九十大寿，又为关山复做了八十大寿，今年定要为端木做寿，因此就欢聚了一下。没想到惊动了您也寄来贺电，惭愧，惭愧！再次感谢！

辽宁（省）图书馆联展事②，我们也在准备中。只是每日杂事太多，深感日子过得太快，常常力不从心。寄来的创作目录已收到，谢谢！

---

① 1995年9月21日，马加的家乡辽宁省新民市筹建的马加资料馆正式开馆。该馆收集有马加的部分书籍、手稿、照片、评论文章、生平活动大事记、文物及在新民生活劳动时用过的农具等。辽宁省领导特赴新民市表示祝贺。该馆正式对外展出开放。

② 即前面提到的辽宁省图书馆筹办的"三十年代辽宁籍著名作家资料馆"。

祝您

健康长寿！

端木、耀群

10 月 4 日

舒群给马加的信（1封）

9月4日

良模同志并转马加同志①：

收到你的复信，尽悉。读后有感良深。想到你的眼疾严重，亲自执笔书写，实非易事。你在京就医时，还给我来过电话，而我却未去看你，扪心自问，殊愧殊愧。

关于许红工作事，我已予韶华、于铁两同志，分别各写一信。我想他们都会像你一样，予以大力支援。

你代寄之稿收到。我并附言已转编辑部。

丁玲同志住院，曾一度病危，今日上午，我陪黄树则同志去看过她。痊愈之日，尚难预料。

敬礼

舒群

9月4日②

---

① 良模即金良模。辽宁省作家协会老同志。

② 来信未标明哪一年，经查应为1985年。

吴组缃给马加的信（1封）

1979年1月16日

马加同志：

接到你的信已有一个月了。

你叫我办的事，现已办完。两篇稿子都遵嘱，找出抄誊好了，随函附奉。望验收为荷。

"文化大革命"后，北大各门机构都尚未恢复正常。图书馆资料有的尚未整理编号，誊写社也未恢复。找人查、抄，都很费事。因此，延搁多日始亮报命，尚希鉴谅。

这两篇稿子是找一位孙庆升同志查的，一位卢永璘同志誊抄的。这两位我都不熟悉。是我们教研室一位周强同志一番热心代为物色委托的。周强告诉我，卢永璘也是东北人，是贫农家庭出身，负担很重，抄写的纸也是他代垫的。你可以寄点钱给他作为报酬。(这没有一定谱子，寄30元，你看如何?)孙庆升，你在信上提一笔，道谢一下就行了。信和钱望寄："北京大学，中文系，周强同志收"。你可托周强代为道谢孙、卢二位，并向周强致谢。

近来会颇多。我因身体不好，交通也难，许多会我都未能参加。

春节快乐！

吴组缃

1979.1.16

冯牧给马加的信（1封）

1991年7月29日

马加同志：

惠书收到，十分感谢。

您已高年仍能笔耕不辍，令人钦佩。大作当抽空详读。

多年未见，但时在念中。回忆起八○年（1980年）一同到西德访问①，那些愉快时光，历历如在目前。得知您身笔两健，不胜欣悦。匆此即祝

夏安

冯牧
1991年7月29日

---

① 1980年马加随中国作家代表团访问德意志联邦共和国。同行的有冯牧、王蒙、柯岩等。

吴伯箫给马加的信（1封）

1979年4月4日

马加同志：

3月25日手书收到后，即函选编"五四"以来作品的同志联系，附上濮良沛同志四月三日信，请收阅。

今年我集中时间参加郭老著作编委会办公室工作。招考研究生的事没有过问。有一次所长会议上提到过文研所今年不招研究生的话，不知后来有变化没有。教育部有关通知我还没看到。容再具体了解。

先复，祝

安好

吴伯箫

1979年4月4日

附濮良沛同志信（略）

方纪给马加的信（1封）

10月12日

马加同志：

　　你好！

　　前见有人从北京购得内部资料《传统相声汇集》共六本，为辽宁省文联所编，沈阳日报（印刷厂）印刷。如方便，请你赠送我一套吧。谢谢。

　　问候夫人和孩子们

　　祝好！

方纪左手

10月12日

　　注：此信的年代不详。《传统相声汇集》（六辑）1980年1月由沈阳市文学艺术界联合会编印，内部出版。此信时间应在其后。

关山复给马加的信（2封）

1983年12月3日

马加同志：

　　承惠赠《北国风云录》，并有您亲笔题赠，收到大喜，倍感亲切和珍贵。我和东瑜同志向您道谢！

　　这部小说的题材，对我们自然是引人入胜的。虽然我不常读小说，这部书我却要挤出时间来读读。我想，书中必然会表达出我辈的共同经历和成长过程。

　　多年不见了，打听沈阳来的同志，例如郑鸿轩同志等，都说您和申玮同志都还健康，颇以为慰！得便时，盼告知一二。

　　我的身体，在"文革"后期，曾因二次被打倒，折磨及气愤，一度出现若干神经症状，有些痴呆和头、手颤抖。后因努力锻炼，症状消失，近几年且愈加健壮。东瑜同志在"文革"期间得冠心病。后因我遭迫害有上述症状，她受刺激大，也形成一种病，就是好摔跤。这病不在腿上，而是血管病。摔跤都是脊椎底动脉供血不足所致，今年还是好于前二年，是因作气功和锻炼有效。总之，我们尚好，请释念。

　　时届冬令，沈阳已寒，望您和申玮同志多加珍重！

关山复

1983年12月3日

1989年4月8日

马加、申玮同志：

久疏问候，希谅。前闻申玮同志不适，颇念。后接大作，知已安好，颇慰。

我和王珏三月间均染感冒，现已痊愈，万勿以为念。

我接辽大出版社邀请信，将于四月下旬（二十五至二十八前后）前往沈阳，参加行将编成的《满族大辞典》书稿专家审定会。届时定当造府问安，并就《满族文学》事交换意见。特先期奉告。

顺颂

阖府迪吉！

关山复

1989年4月8日

李荒给马加的信（2封）

11月8日

马加同志：

　　好久不见，谅一切均好。

　　最近我外出过北京，见到我侄女李楣（李枝厚的女儿）。她对大作《北国风云录》很为欣赏，建议你送给家兄李枝厚一本签名本，可由她代为转去。李楣住址是北京饭店2064号。寄到那里她即可收到。

　　专此

　　祝好！

李荒

11月8日

　　注：该信年代不详。

1991年1月16日

马加同志：

　　顷接得家兄李枝厚来信，说你赠给他的大作已经收到，十分高兴。见书有如见面，他一定认真阅读。大作所写的内容，也都是彼此亲身经历的事。读起来定然倍感亲切。他来信未说是否已经给你写信，故而我向你报告此消息。

　　向申蔚同志问好！

　　此致

敬礼！

李荒

1月16日

于黑丁给马加的信（2封）

1987年1月7日

马加、申蔚同志：

你们好！

12月31日的信收到。

《东北现代文学研究》尚未收到。

这次西丽湖创作之家的小住①，实在是难得的机会。一些多少年没有在一起相聚的老朋友，能够短期生活在一起，我感到高兴。我和你有同感。虽天天见面，天天在一起吃饭，但可惜谈心的次数太少了。特别是在现代新的形势下，学生游行，文艺界有各种不同的动向，如果能够交换一下意见，我想是很有益的。这几天，中央领导的讲话，报纸的报道和社论，形成思想意识战线一种新的趋势。我认为应该引起我们大家的重视……文艺界，从改变文学观念来说，思想是要解放的，但也要注意如何使文学的发展有益于人民。目前的形势，我看对我们文学界都应引起警惕。不知你以为如何？

---

① 1986年11月，马加和夫人申玮到中国作协深圳西丽湖创作之家休养。当时同期在西丽湖创作之家休养的还有作家于黑丁、吴萍夫妇，严辰、逯斐夫妇，严阵、叶文玲等人。

我很想看看《于毅夫与东北文学》一文。我想写点关于于毅夫的小文纪念他。我与他是很好的朋友。37年①我从上海出来到武汉就认识了他，并且参加东总的活动。②他对我有很好的帮助。到了重庆，我们接近更多了。我到延安，还是他给我联系了办事处，周总理接见了我与曾克。这件事我时常记忆在心。

最近，吴萍想给刊物写我些关于文学生活方面的文章，想一段一段地写。在动手写我们从平汉沿线到太行山、王屋山，后到芳津渡过河。我给她谈了几次。我对纪实文学很感兴趣。你还记得不？我们学兵队有一位唐队副，是八路军派去的，我曾多次和他接触过，不知你走了没有？你帮我想想，学兵队的几位负责人的名字，我记不清了。我在那儿搞《战地报》，你是在连队，经常下去。我们的反对托派等等活动，显示了我们青年人的一种正直的政治态度和革命热情。现在想起来，我认为很有写的必要。碧野是后来去的，很快又离开了。我到了芳津渡，因有病，不能坚持那种激烈活动的行军，所以过了河去郑州了。

我二十八日离开西丽湖，本来是二十九日早五点五十分的飞机，可是因天气不好，一直到十点半才起飞。返回郑州已是下午了。你回去一定很顺利吧。

再谈

敬礼

黑丁、吴萍
1月7日

---

① 应为1937年。

② 指于毅夫参与的东北救亡总会。

1987年7月9日

马加同志：

　　你好，并问申蔚同志好！

　　好久没有通信了，很是怀念。

　　前年冬天在北京参加中国作协代表大会，以为可以见到你好好谈谈，没有想到我们住得很远，在京西开会来去匆匆，又是集体活动，大车在院子里等着，所以不好单独行动。因此见面的机会就少了。我开了几天会，忽然发高烧，进了医院。等出院后，大会早已结束了。非常遗憾。

　　收到你寄来的文集一册，高兴极了。有的作品我还没有读过，趁机就看了几篇。也许是写的内容我们都熟悉，又是我们那一代人的生活，更接近我们思想感情，读起来有些亲切。八十年代的青年人恐怕他们是不会理解我们的感情的。他们是现代人的思想感情，当代意识很强。这些问题是说不清的。正是因为他们这些思想意识，连五四也否定了，鲁迅也否定了，革命文艺也否定了。我不知道他们再过半个世纪，他们的东西不是也要落后于时代吗？这是按照他们的思想逻辑和生活逻辑的看法所得出的结论。

　　很怀念延安时代的朋友们。石光现在何处，请把他通讯地址告诉我。前收到李辉英自香港来信，问到他的地址。

　　我几次想到东北看看，可是总是没有实现。我还是一半东北人，吉林那边还有亲戚朋友。

　　你身体如何？你抓紧编一下过去的集子，这很好。我也在做。不过，因两眼有病，时做时停，精力很不集中。

　　你这几年没有再出去走走？趁身体好的时候走走，很有必要。再晚了，我们都不能动了。

　　见了老朋友请代问好。

吴萍同志问好。
　　此致
敬礼!

于黑丁
7月9日

　　你是不是还住在皇姑区黄河大街三段四里七号? 怕你搬家，信寄到作协。

胡采给马加的信（1封）

1978年7月10日

马加：

收到来信。

柳青去世，确确实实是我们整个文学界的重大损失。据我了解以及向熟悉他的有关同志了解，他没有留下日记。他平常似乎没有记日记的习惯。他的全部精力，都集中在他的《创业史》上了。所以你要查询的材料，无法办到。据同志们回忆，在56年①作协理事会会议期间，他曾发表过他当时的发言，就在当时的《人民日报》上。题目似乎是"和人民一起前进"。《创业史》第二部上卷已出版，下卷还有几章尚未完成。作为文学创作来看，由别人代他读写完成，似较难。也许将来有，试着做做看。在北京时曾由林默涵等主持，召集少数人开会研究出柳青文集的问题。具体工作由中国青年出版社、陕西人民出版社、延河编辑部等负责。除去他已出版的作品外，还有他的一些讲话、报告和有关艺术问题手记一类东西，经整理后发表。

你们的文联扩大会已开过了，我们这里还得一段时间。看来得等到省领导问题解决后才可能在工作上有所前进了。

---

① 应为1956年。

前些天思基同志为了王汶石同志的小传，曾给我来一信。我把信和小传原稿交给王汶石本人，据王说，他已经把改稿直寄给思基了。不知收到没有？

你身体如何？申玮同志好吧？望多保重。我每天早晨仍坚持锻炼。我们虽然老了，但斗争道路还长，我们应当力争为党多做些工作。没有好身体是办不到的。柳青过早去世，我们应从哀痛中吸取教训。

祝贺《鸭绿江》出刊。

问好

胡采

7月10日

峻青给马加的信（3封）

马加同志：

你好！

承蒙惠赠大作，不胜感激。

你的作品，我非常喜欢。尤其是《开不败的花朵》，我反复读了多次，印象特别深刻，感觉特别亲切。也许是我也有着那样大体相同的生活经历的缘故吧。但我却写不出那么真实优美的作品来。那简直就是诗，一首真正优美动人的诗。不知这篇文章收在哪本文集中，能否惠我一本？

我明天将去承德，预计八月底或九月初，由京去沈阳，经大连去烟台，回胶东故乡走走，写点东西。我打算去沈阳的目的，一方面是去看望你和方冰等老朋友，另外，因为有人告诉我，辽宁（人民）出版社〔也可能是春风（文艺）出版社〕要出版我的文集，并说要派人与我联系。所以我也想趁此机会，到沈阳去与出版社具体研究一下。但因此事是去年听到的，至今未见有人来进行具体联系，所以我想先请你帮我问问出版社，究竟有无此打算。如果确实有的话，我就顺便去一趟。如果没有，我也就不打算去了。希你在打听明白之后，回我一信。信寄：

北京东城区赵堂子胡同15号臧克家转交。

握手！

峻青

8月6日

1987年12月4日

马加同志：

近好。

陆明友[①]同志打来电话，说你已告诉他买药之事，并已将药买到交付班机航运南京了。我和全家都非常高兴，万分感激。你工作忙，身体又不太好，如此盛情关注，鼎力相助，真令我和全家都万分感激又万分不安。这里，谨代表我和弟弟及其全家，向你与陆明友同志致以衷心感激之忱！

你和嫂夫人近来身体如何？十分惦念。我的印象中，你似乎很久没有到南京来走走了。如果身体来得及的话，我建议你和嫂夫人在明年春暖花开时，到南京走走。在深圳西丽湖度假村，中国作协在那里弄了几间房子，供作家轮流去休息写作。冬天深圳暖和，也可到那里去住些日子。于黑丁夫妇已去过，说很好。我也打算去住些日子。如你有兴趣，到那里过冬也好。

上海有什么事要我办的，我一定效力。

问候嫂夫人，谨祝

俪安！

峻青

12月4日

---

① 陆明友系辽宁省作协干部，组联部负责人。

1987年12月26日

马加同志：

　　非常感激你在我弟弟危急时伸出慷慨热情的手，陆明友同志代为购买的药，早已空运到南京了。目前病人正在用此药进行治疗中。病人和全家都万分感激你的大力帮助，并嘱我代他们向你表示谢忱！

　　得悉大作《神州烽火录》①明年将可脱稿，不胜高兴。你的刻苦勤奋，令人钦佩。我殷切企盼早日拜读此一大作。

　　来信中所谈你1929年在《北新》上发表的一首诗一事，记得去年（也许是前年）你曾来信要我查找过。我当即委托上海（市）作协资料室负责人魏绍昌同志查找。他查到了，我也将查到的期数及题目、日期写信告诉你了。不知是我的信你没有收到呢，还是我忘了告诉你（我这几年的记忆力大不如前了），现在，我又委托上海（市）作协资料室的负责人艾以同志负责查找。并嘱他将查到的结果直接写信给你。（因我于日内将去深圳住一个月）他一定会负责办理好。

　　新年快乐
　　身体健康
　　全家幸福

峻青

12月26日

---

　　① 1990年，马加的长篇小说《血映关山——神州烽火录》由中国青年出版社出版。

雷加给马加的信（4封）

1979年2月28日

马加同志：

你好！

你可能想象不到我在鞍山汤岗子治病，而且已经两个月了。我是十二月底来的。我打主意不告诉你们，为的怕麻烦你们。听说，四次文代会四月份要开，我准备三月底（二十四五号左右）出院。我打算是先在沈阳住几天，看看老朋友。如可能，回丹东小住三五天，然后由丹东直接回北京。

我到沈阳站，需要接我一下。沈阳、丹东两处都需要有住处，这些事不知你能办到否？请你来信告知。并告诉我由鞍山去沈阳如何和你联系。

我来此，主要治腰腿痛。来后，经过水疗、泥疗和按摩，症状已大为好转。我想一个疗程也是够了。如不行，以后再到北京附近小汤山去。总之，出来太久，感到一切都不太方便。

不久即可见面，我就不写了。老朋友处，及申玮同志请代为致意。

春安

雷加

1979年2月28日

1993年8月11日

马加同志：

接到电话后，我又与端木通了话。

由你玉成此事，意义重大。对个人来说，能够有个地方使自己的作品占一席之地，这是值得欣慰的。我感谢辽宁省委给我们这份光荣。最值得注意的，它将影响中国文学史。这是一面旗帜。无疑，我们是在高举着主席文艺思想的旗帜前进的。

我想会有人来商谈一些细节。不知何时来。

端木说，辽宁对此事有些报道。你可否找人复印后寄来看看。

问候申蔚同志

敬礼

雷加
1993年8月11日

注：此信所说的事情，即下（封）信中提到的辽宁省图书馆正筹办的"辽宁籍三十年代作家作品展览"事宜。

1994年4月19日

马加同志：

我开了一个星期的会，会前收到你的信。当即将原信读给端木听了。你写得婉转，实际遇到了困难，这是意料中的。省图机关常换人，所以即使展出订个长期展出协议，是必要的。第二，现在各地财政困难，如无爱好文艺的领导来个"特批"，何况预算本身也嫌多些。但我们不应失去信心。我以为可以订出三个阶段的展出计划：即第一阶段，初展。第二阶段——第三阶段——第三阶段完全展出。初展所需不多，亦可拉些赞助——至此，我想到中华文学基金会。我同端木商量过，他同意。只是我个人具名，因太容易碰钉子了。信如下：

张锲同志，你好：

有件事请你支持并指导。

年前，辽宁省文化厅责成省图书馆举办辽宁省籍三十年代六位作家作品长期公开展览，并进行研究和宣传工作。六位作家是：萧军、罗烽、白朗、端木蕻良、马加和雷加。除辽宁省筹措经费外，尚希贵会给予资助，不知可否？详情容面告。

请定约谈时间。

特

敬礼

雷加

4月13日

正好四月十四日召开"巴金与二十世纪研讨会"，我托人把信转给他了。他最近可能正忙，我也要于二十一日去洛阳一周。回来后可能便知分晓。

问候你和申蔚同志

雷加

1994年4月19日

迎着时代走来
——马加创作生涯祝词

雷　加

一位青年在大地上走来，在苍茫的东北大地上走来。

他走向全国，走向祖国的山山水水，走遍了全国的穷乡僻壤。

他迎着时代走来，走向抗日救亡行列，走向解放战争，走向祖国胜利。

马加他是同代人的先驱者之一。他紧跟着时代的年轮走来。这些年轮的刻度，都具有重大历史意义。这就是惨痛的"九一八"，永远不能忘记的七七事变，辉煌的"一二·九"，历史的转折点"双十二"——马加是这段历史的见证人，也是求解放的战斗员。他是东北大学最早的学员，他是最早走向文艺战线的战士，他又是东北大地上一个农民的儿子。

马加是我们同代人中年长的一个。他早年的志愿和坚韧不拔的毅力使他成为一个先导者。他的创作生涯开始于1928年，从此战斗了六十几个春秋。他从"左联"走向"延安文艺座谈会"，从土地革命走向解放战争。

他是东北作家群一员，也是中国作家群中迎着时代走来的作家之一。他的著作从不脱离时代。正因为他总是迎着时代，又根植于生活之中，他堪称生来就是一个现实主义者。他用等身的著作作证，最早的《登基前后》和后来的《北国风云录》这两部长篇著作，就是世纪的记录，又贯穿了作家创作生活的始终。中间有《滹沱河流域》《开不败的花朵》《江山村十日》《红色的果实》——这是他遨游大地时的足迹，也是作者在中国文学史上留下了抹不掉的烙印。

我总要说，一个作家也是芸芸众生一员，他们都要迎着时代，总在时代中描写自己，又在塑造自己。正是由于这种群众的自我塑造而创造了一个新时代。

最后我要说，现实主义者又总是抒情的。马加最早的诗歌《秋之歌》《火祭》到1962年那篇著名的散文《蒲河草塘》——我好像看见了一个身着布衣，手持雨伞的游子，周游大地之后，又身背略屈，满面风尘地走回了自己的故乡。正像文中描写的，他带着深厚的怀乡之情，迎来了满目绮丽的景象：水光、野萍、渔舟、芦花，老人喜笑颜开，儿歌又盈耳不断——

1996年9月5日

注：1996年，辽宁省作协主办"马加创作生涯研讨会"。雷加寄来这篇祝词。

玛拉沁夫给马加等的信（1封）

1986年6月12日

马加同志
方冰同志
金河同志：

我来贵省兴城海滨炮制拙作，已有月余。因为长篇结尾难度较大，只是在房间里苦斗，未曾外出一步。到了贵省属下，一个多月时间，都没向各位报到，尚请原谅。

今有单复夫人来此开会，特写此短信向各位致意。

其实，我也是辽宁省人（出生于阜新蒙古族自治县），虽出走已久，但至今我还在登记表中写是辽宁人。

再见！

玛拉沁夫

86.6.12，于兴城海滨经济日报休养所

曾克、柯岗给马加的信（6封）

1971年8月29日

马加

申玮同志：

今春来函，早已收阅。

我省由于反革命阴谋集团"五一六"骨干分子的严重干扰和破坏，整个工作步骤大大落后于东北。直至今天我们原省级机关的整党才初步告一段落。我们两人均作为第一批恢复了党组织生活（无政历问题，运动中无站错队的问题）。新支部已经建立，吐纳尚未进行。一批两挖（批极左思潮，挖"五一六"和四川反革命组织"三老会"）有待进一步深挖细查。文教干部的分配、安排问题，还没有着手。我们也根本不去考虑工作问题。年岁大了，身体坏了，自知不能为党作更多的工作成绩了。但愿坚持晚节，在自己力所能及的范围内，为无产阶级革命事业奋斗到底！

小岗、小妹都被学校推荐参了军。小岗参军后表现较好，业已入团，上星期来信说，已经从班里调到连部作文书。他是在一个比较大的野战军当兵。小妹在铁道兵作卫生兵。现在我们全家只剩下我们两个老翁、老妪了。我们两人吃饱，全家不饿。目前成都只留空屋一间，门可罗雀矣。

我们干校地处川、滇边界，亚热带气候，一年四季白云蓝天，茂林修竹，巨大的攀枝花弥漫山野。春三月艳艳红花，遮天盖地，花大如碗。轻风摇树，纷纷坠落。景色之美，笨笔难书。我们已在这样的地方度过两年了。外界的事情除报纸外，一无所知。心甚安静。祝你们和孩子们好！

革命的敬礼！

柯岗

曾克

8月29日

注：来信投寄地址是辽宁省宁城县四道沟公社（原属内蒙古昭乌达盟，1969年7月5日划归辽宁），当时马加与夫人申玮正在这里走五七道路，插队落户。发信地址是四川米易县湾丘省五七干校三营八连。

1973年9月3日

马加

申玮同志：

久未通信，你们好！七一①年冬天，重庆市委组织一个有关"重庆谈判"和"上党战役"的话剧创作，通过省委，把我们从干校借出。将近两年的时间，我们一直住在重庆。离开干校时，把你们的通讯地址遗失，无法给你们去信。这次，和创作组的同志来京听取各方面对剧本意见，恰和张慧同志住一室，得知你们近况，不胜欣慰。

我们打算十日左右回重庆。国庆节后可能还要再来北京，到时

---

① 应为1971年。

候再写信告诉您们。我们63年①前后在旅大（今大连市）未完成的那两部小说稿，在"文化大革命"中曾丢失了四五年，今年春天才由组织帮助找回。我们打算将剧本再修改一次后，由剧团边演边改。我们就开始继续写这两个东西。人民文学出版社希望我们到北京来写。这样时间、精力，可以更集中些。这次回去和省委领导商量后再定。

马加同志在写什么新作？你们身体都好吧？盼告。

听说申玮同志调出版社工作②，这很好，有什么新书，可代买几本。63年③曾克在"春风"④出的一本短篇集《前赴后继》，未知还能找到两本否？如能找到，希代购寄我。以便温故知新，看看，改改。因为我们手头已无一点自己的东西了！十日后信可直寄重庆市话剧团。

再谈

握手！

曾克

柯岗

9月3日

1993年1月14日

马加

申玮同志：

先向你们道歉，再向你们祝贺春节！近日来，我俩身体都欠佳。

---

① 应为1963年。

② 马加夫人申玮1973年由五七插队干部调回省里，到辽宁人民出版社文艺组（即原春风文艺出版社，该社"文革"中已被撤销）任组长。

③ 应为1963年。

④ 即春风文艺出版社。

这是自然规律。除一些血压、心脏、肠胃慢性老毛病外，接连不断地感冒，精力、体力均感不支。曾克又强支着把刊物搞了出来。所以没有给你们很快写信。日前，先将创刊号和二期一并寄给你们，作为新春礼物，请认真提些意见。王卓处另寄一份。那边的延安文艺研究会①，有什么活动，盼经常告知。

学会的工作和刊物都不容易做，因为主要没有经费。现在一切都要按市场经济办事，这除了编辑同志解放思想，尽可能把刊物办得既有健康的多样性，又有可读性外，还需要各方面大力帮助。你那里有什么关系，请随时介绍。

文艺界还有不少问题，一言难尽。今年我想咱们会有机会见面的。届时详谈。祝你们身体健康，有何新作，可支持刊物，盼随时寄来。

握手！

曾克

柯岗

93.1.14

1994年7月13日

马加

申玮同志：

久未函候，你们身体如何？常在念中。我和柯岗年来身体不太好，原有的疾病没有痊愈，又有一些老年疾患冒出来。我表现得特别突出。下午无名低烧，左面部麻痹，萎缩性胃炎等。虽做了现代化的可能性检查，花了不少宝贵时间，但，没有多少所得。上月开始全部服中药，稍见效，很慢。下决心治疗下去。反

---

① 指辽宁省延安文艺研究会。

正是自然规律，谁也难以抗拒。只有"战略藐视，战术重视"，再加上一些精神、体力锻炼，能为生命多争取一些时间就好了。万望勿念。真想有机会再和老战友们见一面，今夏看起来没有希望了。

学会的工作困难也很多。主要是经费没有来源。《中国风》在拮据中挣扎着。先将94年①1、2、3期寄给你们提意见。

柯岗同志明年80周岁。"文革"后，他一身伤残，没什么作品。不少同志提议要帮助为他出套文集，约250万字。但，出版社谁也不干这赔本买卖。现在我正在设法从他家乡和其他方面搞些赞助。这里，想请你们帮忙。请人到辽宁、沈阳作协或者图书馆，找一找1962年《鸭绿江》上发表的沈阳军区座谈柯岗长篇小说《逐鹿中原》纪要，作为附件用。文集拟请宋任穷同志作序，刘华清同志题写书名，在解放军文艺出版社出版。因为，文集的内容百分之八十是写人民军队和人民战争的。

你们都年老体弱，不忍心劳驾你们。但，北京找不到，又非得劳驾你们。我想，老战友一定可以设法找到，先致谢了！

再谈，祝

  · 敬礼！握手！

曾克

94.7.13

1995年9月21日

马加同志：

14日信悉。老战友思念之情，随着岁月飞逝，是愈来愈浓，我们也常常念着你。

---

① 应为1994年。

得知辽宁，特别是作协的工作有了好转，十分高兴。社会主义事业的发展连着咱们的心，向你们祝贺。

七作家资料馆时①，你们一定要请作协领导，个人如何去祝贺，请那面领导考虑。作协有一个专业作家支部，我是书记。另，中国延安文艺学会，也可总的通知一下。辽宁七作家肯定都是"学会"的理事或顾问。当时，只要不病倒，争取去祝贺。届时欢聚、畅谈！柯岗文集下月可以出版，去时带给你。

再谈，握手！

曾克

95.9.21

1996年4月6日

马加同志：

谢谢你的祝贺。我们把你第一次的来信和第二次的快件贺信，做了一点综合，26日下午，在《柯岗从事文学创作55周年暨〈柯岗文集〉出版座谈会》上，由学会副会长迪之（小八路，原中国杂协副主席）宣读，同时还读了草明（心绞痛，未能出席会议）贺信。王一桃（香港作家）贺诗，会场上响起热烈掌声。贺信、贺诗，待一些发言整理出来后，请报纸、杂志发表。

这一次座谈会，大家都认为开得不错。出席会议的绝大多数是老首长，老战友。因此气氛热烈，感情真挚，又一次宣传了党的文艺方针。只是时间不足，好多同志没安排上发言，已请他们写成文章。

会后，有一些杂事。学会，刊物，96年②的工作需要安排。今日才写短简给你，希谅！愿咱们尽量创造条件，争取见面畅谈！你多保

---

① 指辽宁省图书馆筹办的"三十年代辽宁籍著名作家资料馆"。

② 应为1996年。

重身体。我们近日健康比去冬有所改进，勿念！

握手！

曾克

柯岗

96.4.6

崔璇给马加的信（3封）

1997年4月14日

马加同志：

从电话中得知你在视力不佳的情况下，仅用半个月时间，就读完了《山杜鹃》①。听了内心非常感动。这只有老朋友才这样认真，热忱百倍地鼓励我、帮助我，难得啊！

曾克也非常关心这本书，她看完了，对此书的评价与你一样。其实我写得并不那么好，只是反映东北解放战争的一个侧面而已。

我身体、脑力都不如大病之前。《山杜鹃》这样的长篇小说，不可能再写了。日后有精力的话，写点回忆录。

回忆自1942年在"文抗"②时，就受到你、周而复、罗丹、曾克等同志的鼓励，使我走上文学创作的道路。特别在东北时，你对我的帮助更具体。一晃已五十多年了，我的作品只是平庸，唯一的是我有股"牛劲"，要干的一定干成。

关于你要写评论文章，切不要太急，慢慢地写。一方面在辽宁报刊上发表，另外在北京发表。此书是写辽东的，也是反映辽东解放战争的。扩大在辽宁的影响，争取更多的读者群，对发行这本书大有

---

① 指崔璇的长篇小说《山杜鹃》。
② 指延安文艺界抗敌协会，是当时延安的作家组织。

好处。

凡是看到书的同志都评价不错。可是现实又让人哭笑不得。订购才300册，出版社还有1500册没有卖出。责编要我设法推销书，我又有何办法呢？目前社会上流行武打、色情以及一些乱七八糟的书，写战争，写过去的革命题材，是吃不开的。如果我是名作家也好办，是个一般的作家，更不能引人注目了。好在这本书没花钱，也算幸运。

周而复太忙，他忙写自己东西，还没来得及看。别的老朋友，能看的就不多了。匆匆，

祝好！

崔璇
4.14

1997年4月25日

马加同志：

寄来的稿子已收到了。写得很生动，对作品评价太高。你的眼力不好，用半个月时间看完《山杜鹃》，而且赶写稿件，费了心血，实在让我感动不已。只有老朋友，老同志，才有这样的热忱、关心。

新民市你的文学馆①规模不错，介绍翔实丰富，是你一生文学创作的瑰宝。一个作家有了如此的安排，也是幸福的。

关于稿件的内容，我只改掉"严鹃就是崔璇的化身"等句。其他因我身体不好，脑子不行，没有力量顺理。现在我把你的稿子交给申春同志（研究北平"左联"专家，写过电视剧、传记等），请他顺理一下。待稿子顺理好后，寄给你过目。你如认为顺理得可以，就寄回来，再与报社联系。当然，文字结构、语言等，还保持你的风格，只是略加删掉一些，因为报社要求字数有限。

---

① 指马加的家乡辽宁省新民市的马加资料馆。

曾克很热情，张罗着要开个座谈会。我想老同志年纪大，不可能看完，有的根本看不了。年轻的又不理解那个时代，开起来也没多大意思。作品出了，就是这段创作历史的结束，（开座谈会）没有什么必要了。

望你保重身体，继续创作。

近好！

崔璇

4.25

1997年6月25日

马加同志：

您好！

寄来徐光荣在《沈阳日报》发表的文章，已收到了。

因为等着六月二十三日召开的《山杜鹃》研讨会，想把情况告诉你。这也是你最关心的。这次研讨会，比我想象的要好得多。大家一致称赞开得有水平，热烈、认真。参加会的有雷加、柯岗、曾克，（周而复外出）。会上宣读了草明的贺信，你的那篇文章，曾克的文章，及辽宁（省）作家协会的贺信（替我谢谢辽宁作协）。

除此之外，有《光明日报》前社长负责同志，《中流》副主编，《光明日报》副主编，人民大学文学系教授，北京社科院的文学所的领导，以及《人民日报》文艺部，解放军艺术学院的教授、作家，《理论与批评》刊物的负责人，共三十多人。

发言都是高度评价《山杜鹃》。有的同志看得很认真，仔细。这种精神令我内心感动。有的女同志讲，看了此书都流了泪（曾克女儿巧莎也这样讲）。一致赞美塑造严鹃这个典型女性，及其他典型。从文艺理论、创作技巧、美学观点、现实主义道路等方面，做了精彩的剖析，令我受益很深，提高很大。学术性很强。

此会由市文艺学会主办，曾克张罗的。她对老战友热忱，实在难得。会后准备由北京市文艺学会将发言集个专刊。

因为《人民日报》"文艺评论"版准备七月份发黄国柱的文章，你那篇只好由《文艺报》发了，曾克的交《光明日报》，雷加的由北京市报刊负责。还有申春的由《中国艺术报》发表。总之各个报纸都愿登介绍的稿件，只是时间问题。

说心里话，我觉得大家高度评论，心中甚为不安。我只是尽了一份心意。

你、周而复、罗丹、曾克，在延安时对我这个文学青年，极力鼓舞，支持，直到今天，还这样的关怀我，我一辈子难忘啊！友谊是金子，是老战友赤诚的心。

另外，关于陈云同志那一章，《中流》准备转载。

我身体恢复得还好。

匆匆，

夏安！

崔璇

6.25

罗丹给马加、申蔚的信（1封）

1991年10月16日

马加

申蔚同志：

　　华笺与寿联拜收。老战友之挚谊情怀，流溢笔端。捧读再三，至感至感！喝延河之水，至今犹息息相关如君者，几何！

　　对拙作《严峻的岁月》之高评，值万金！令我感奋不已之余，盼多赐教！此长篇原二十余万字，被背地砍掉数万字，承包、利润、奖金、赞助。呜呼！然出书难，给出版就多谢了！

　　我知道你们身体很不好，悬念不已！尤其申蔚时处重危之中，恨不得立刻到医院看看她！现你们稍好，甚慰。

　　五十年前，夕阳落照，申蔚穿着缀有红缨之草鞋，打着绑带。英姿玉立，健步走上山径，朝北头一间窑洞走去——仿佛如昨日。

　　今天正是重阳，我祝你们健康长寿！为你们的健康，干杯！

　　叶落冬来，遥盼

　　珍重！珍重！

罗丹重阳顿首

十月十六日

董速给马加的信（1封）

1984年4月13日

马加

申蔚同志：

　　来信收到。对劣作的评论，鼓舞了我的创作勇气。只是我的工作还未完全超脱出来，基本上，还是业余写作。今后力争多写一点。

　　你俩在疾病中，还坚持写作，令人钦佩之至。但也要注意身体。因为咱们这一代，毕竟是老了。

　　你的大作《北国风云录》，我尚未接到。不知你寄到宣传部，人大，还是我家？再过几天，如我还收不到，即请再送我一本。寄省委宣传部转即可。《鸭绿江》四期，我现在也未收到。请借机会和他们说一下，送我，或卖我两本，都行。

　　关于出你专著问题，我已与吉林出版社说了。他们拟近日去沈阳会见你，了解一下书的内容，字数等。届时，请你接洽才好。其他再谈。

　　握手，问孩子们好。

董速

4.13

路一①给马加的信（2封）

1986年7月10日

马加同志：

你现在身体怎样？非常想念你。

《马加文集》收到了。因为你要的照片一时找不到，直拖了许多日子才给你回信。在北平时期的照片是怎么也找不着了。寄上抗日时期的一张，能用则用，不能用留作纪念也可也。

《马加文集》共撰多少字？拟分几集？告诉我。《孙犁文集》约150万字，分为5册7卷，已出齐。梁斌的也在编撰付印中。你们都比我强，给人类社会留下了许多宝贵的东西。我在这方面建树太少了。望你把身体搞好，再写出更多更好的作品来。

七月一日《人民日报》单复写你《用生命写作》，我看了很受感动。你是个能吃苦耐劳，在事业上认真负责，锲而不舍的人。我常把你做榜样，教育年轻的文艺工作者和我的孩子们。在北平那般艰苦的条件下，你印出《登基前后》和坚持写作，坚持出版文艺刊物，没有点拼搏精神的人是做不来的。

《用生命写作》一文中，单复同志提到我们在北平时和孙快农同

① 路一即张路一，作家，河北省文化厅原厅长。1936年与马加一起在北平办《文学导报》，是北平"左联"的中共地下党的负责人之一。

志的关系，以及快农同志事迹，使我极为悲痛。我给你说过：七七事变后，1938年4月，快农和那位王大哥从北平出来，投奔解放区。我们曾相会过（在安平侯城）。你说在延安曾和他见过，那他又怎么去的天津？你所知道有关他的事迹（连那位王大哥的事迹），能尽量多地告诉我些。我也想写有关快农他们的纪实文章。

马加同志，你现在眼睛怎么样？怎样写作？大嫂姓什名谁，在做什么？膝下有多少儿孙？盼告。

我已离休。不再任什么厅长部长了（它使我少为人民写几百万字），正继《赤夜》写一些片段材料。高兴时写点传记式的小说。我很想念你，真想去东北看看，可老是得不到机会。你能来石家庄玩玩吗？咱们要能在一块住个半月二十天的，该是多么幸福啊！

祝撰安，祝全家安好！

路一

7月10日

1988年1月12日

马加同志：

近况可好，十分想念。

从1988年《小说选刊》第一期上看到你的几张照片，特别是青年时代的那张，使我感触万千。那不是咱俩在骡马市大街直隶新馆会面，在1936年合编《文学导报》时的照片吗？那时你是多么纯真、英俊，而又勇敢啊！

我记得咱俩同岁，也可能你比我长一岁。不管怎么说，岁月都把咱们催老了。我于三年前离休，现正闲在家里写些旧事。去年全年写了十万字，有一中篇《华夏魂》发表在《长城》第五期上。如能看到，请批评指正。

今年河北省文艺出版社答应给我出一本旧作选集（书名未定）。

为找我当年的作品，在北京图书馆找到《文学导报》一、二、三期，内中有路易士和史巴克的诗。史巴克即现在的刘御，他现在昆明。我俩常有音讯。不知路易士是我的化名还是别人？望告。

查早年作品索引，发现《文学导报》第六期有我的中篇小说《折磨》。是我学写中篇的第一篇。记得1936年12月12日后，我仓促间去山西，忘记交给谁了。一直找它半辈子。而今查到"索引"，却不见本文，十分遗憾。你那里有（第）六期吗？或知道哪里有（第）六期？

再者我正想写孙快农和王大哥两位神秘人物，听你说张大哥后来牺牲在天津一带，王大哥是何人？他们是受第三国际派遣？望告。

我们都老了，余年不多了。望多多保重。如果你身体允许，请你在适当时候来河北我家里住个十天半月的，咱们把往事谈谈。

以后望多通信息。

祝你身体健安！

祝你们和孩子们好。

路一

1月12日

于卓①给马加的信（2封）

1983年7月6日

马加：

"好事多磨"一点都不错。你们离开北京的第二天3号，我到西皇城根借《华北月刊》，才知道那里只有报纸，没有杂志。杂志要到雍和宫前面的柏林寺去查阅。当天下午已快下班了。第二天是礼拜六，周日闭馆，只好等到6号再说。

6号一早到柏林寺，很顺利查到了《华北月刊》的书号。填好了借阅单，拿到出纳台，一位女同志一看，立刻告诉我：在整理，不出借。我问她什么时候可以整理好，她说她也不知道。尽管不知说了多少好话，回答就是一个字"不行"。

正门既然不通，试试后门吧。

我去北图找熟人，不巧，我要找的人出差了。一直等到24号才拿到他专给在柏林寺分馆工作的一位同志的介绍信。25号又去柏林寺，不巧我要找的那位同志在家休息。于是又去出纳台碰碰运气。又是一位女同志，当然还是"不行"。好说歹说，她说，"你去办公室联系联系吧"。办公室的同志一开头也还是一个"不行"。在我"苦苦哀求"

① 于卓是1928年马加在东北大学读书时的同学，爱好文艺，思想进步，中共地下党员，对马加走上革命道路影响很大。

之下，他终于让我把文章的篇名和作者的姓名留下，要我下礼拜二下午来。

时间过了二十多天。赢得的却仅仅是一线渺茫的希望。

所以不厌其烦地和你啰唆了一通，丝毫没有在老朋友面前"表功"的意思，而是想着重说明一下一切都到了非改不可的时候了！人家几分钟就可以办好的事情，我们花了几十倍、几百倍的时间也难有个结果。这不是在拖现代化建设的后腿么？

回到家里去收发室取晚报，意外地发现有寄给我的一卷子复印件，是北大一位同志寄来的。打开一看，果然是你的两篇文章。奇怪的是，第二篇文章不是《警备道》，而是《鸦片零卖所之夜》①。我估计不外两种可能。一个是他们的期刊也不全，偏偏缺失登有《警备道》的那一期；一个也可能是你记错了。在那份期刊上发表的不是《警备道》，而是《鸦片零卖所之夜》。因为孩子们要拜读，而你一定等得很着急，所以先寄一份给你。怕你搬家，因此特地寄到你的单位里。

等柏林寺有结果时，再写信告诉你。

信刚写完，就接到你25日的来信。你想得未免太多了。事实证明，跑跑腿，对我来说，并不是什么可怕的负担，你放心好了。

办公室的那位同志还真不错，他亲自把九期（他们那里只有这么几期）逐本翻阅了一遍。只有一篇《灾害之中》，我已经托人到清华去查找。等清华有结果时，再告诉你。

请代问申玮同志好！

于卓

83.7.6

---

① 《警备道》《鸦片零卖所之夜》《灾害之中》，都是马加（当时笔名白晓光）于1934—1935年在《华北月刊》上发表的作品。

1986年9月3日

马加：

也许是好事多磨吧？我接到你来信后，我首先到北京图书馆去查阅。旧期刊和年鉴不在北海，而是在柏林寺分馆（安定门内雍和宫附近）。我自己翻阅了半天目录，没有。又请一位老馆员帮助查找，只查到一本三十年代的外交年鉴，根本没一部文艺年鉴。幸而事先我有思想准备，就在雍和宫附近的国子监，有个北京市的首都图书馆，决定到那里去碰碰运气。

翻了半天目录，终于查到三部《中国文艺年鉴》。一部是32年①的，现代书局编辑的，33年②版；一部是34年③的，杨豪晋编译的，北新书局1935年版；一部是35年④的，也是杨豪晋编的，北新36年⑤版。

目录查到了，书却不能借。据说在"整理中"。说尽了好话，没用。"首图"没有熟人。图书馆大概归文化局领导，准备想办法，找找市文化局的关系。

北大图书馆我有熟人，已托人想想办法。如果那里有，他们会复印一份给我。

怕你着急，先把情况告诉你一下。

你能到北京来一趟，太好了。不知是国庆节前还是国庆节后。九月份，我们单位组织几个离休干部住院体检，起码是十天八天。九月中旬，国家教委老干部局组织部分离休干部去南京、厦门等地参观学

---

① 应为1932年。

② 应为1933年。

③ 应为1934年。

④ 应为1935年。

⑤ 应为1936年。

习。我们这个直属单位只摊上一个名额，大家要我去。南京我去多次，厦门我还没去过。他们早就给我报了名。但愿时间能错开，否则太遗憾了！

"外事"活动不会太多吧？但愿不影响你长篇的写作计划。时间对我们有多么珍贵呀！

我还想回"老家"去看看，主要是想看这几年的变化。看来，今年不一定去得成了。

匆复，祝你和申蔚同志好！

于卓

86.9.3

月辉同志附笔问你俩好！

叶幼泉①给马加的信（4封）

1989年4月18日

马加同志：

项同志今天到我家赍来手教与惠著。惠著容细读。手教所示，谨记覆陈，请稽核。

你春节前给我来信提示的几个问题，本应即作解答。讵意那时正患感冒，以后一直拖延不愈。头昏眼花，不能执笔写字。至今还是倦处室内，未敢外出。因项同志专访，才经两个月的时间初次拿笔写字。这次病是这里给金毓黻的遗作《静晤室日记》出版，原稿为行草，抄录不免错写，标点也多讹误，托我校订。不料抄录的人都是中年以上从事文史研究多年的专业者竟会出现不应有的差错，不得不一字一行地给校阅。以至积劳体亏，感染流行性感冒，久而难以复原。稽迟之处，还请见宥。

张露薇加入左联问题，你既见过名单上有他在内，当然应依此为准。我所记得在当时北平左联成立会上没有见到他。这可能是那时张露薇还没有至北平。他不是随东北大学内迁于九一八事变后不久到北京的。左联成立会是在1932年春天举行的。因时势不便公开宣布，只

---

① 叶幼泉系作家、教授，马加在东北大学时的同学。九一八事变后流亡北平，后参加北平"左联"，与马加一起主编"左联"文艺刊物《文学导报》。

以聚餐的形式在前门内路东的一家西餐馆举行。我出于没有见到张露薇在座，便以为他不曾参加左联。在左联成立后，刊行了《文艺月报》《文学杂志》两个刊物，我也没有见到张露薇发表的作品。我参加《文艺月报》的编辑，《文学杂志》的名称可能有误，但每期都阅读过。这便是我以为张露薇未经参加左联的缘由。这才恍然是一偏之见所致。加之以他未经吐露过他曾参加左联，使我形成了这一错误的记忆。

张露薇冒领《文学导报》售款问题。我因在1936年秋季即去鸡公山东北中学教课，离北京有半年之久，未能了了。在1937年2月间我由于随旅平东北各界联合救国会代表赴南京和平请愿后又去上海之便，曾向上海杂志公司收回售款百多元。记得是由张静庐的侄子（名字记不得了）经手交付，回北京后交给你的。这也是我不求甚解，误以为是全部售款。当然也是你所记得的经历为正确无误。

《一份历史答卷》一文中"揭露张露薇私占公款问题，攻击鲁迅问题"的提法是否应以"攻击鲁迅问题"为第一位，"私占公款问题"移在第二位。记得我们和张露薇分化，主要是对他攻讦鲁迅是站在反动的立场。私占公款（"公款"是否应改为"刊物售款"）则属于个人品德。"鲁迅的杂文像匕首"句中的"像"字不知是"群像"漏抄还是别字误抄。请再加以校订。还有像"俯"字误抄作"府"字，我特为改订了。此文如需修补，找人代抄后请作次细校。现在不少人写字不甚经心，错别字习见。即为《人民日报》那样的报纸，也常出现错别字。中央电台也不免有时广播不正确的读音。因之向你提供这样不惮烦的建议。

对于孙快农同志的被敌伪杀害，很感悼痛。记得他和我曾多次走访东北失意而宦囊充裕的寓居北京的政客、军官之门。企图推动他们办个报纸。我们据此打进去。我不免忽冷忽热，而快农同志则坚忍强毅，不动声色。我离北京的前夕，还在他的寓所处住了一宿，并给他拟在北京设一药店写了匾额。快农给我的印感是出色的地下工作者，不知何以失事？是否由于叛徒的出卖？北平左联在1934年即因一个叫老刘的叛卖而遭到破坏，不少同志被逮捕。叛徒应是历史上最卑劣无耻的千古罪人。

我体力还有些孱弱，这信恕我止能如此苟简，敬请

近安

叶幼泉谨复

4月18日

1990年3月27日

马加同志：

由于我已离休，不常到机关去，管收发工作的人员又疏忽大意。你在1月23日写来的信，近几日才转给我。遵照你的嘱咐，写出了《关于〈鲁迅和张露薇〉一文的几点补充》寄上，请你审阅是否有当？如还可充数，即请你酌为处理。

我们都已年逾古稀，会发生一些所谓老年常见病如血管硬化、糖尿病、白内障等疾病。不少的人用早、晚间，作半至一小时在较空旷的地方散步的活动，取得很好的治疗效果。但要持之以恒，不可间断。你住所向近如较为清净空旷，望能如此经常活动。我现在的住房傍近一片树林，好多人都到林中去锻炼身体。这样的做法是不适宜的。因为早、晚间林丛中空气并不洁净，对人无益反而有害。日照的白天，是植物光合作用的时间，也才是对人们有益可供清新氧气的时间。

张露薇现在北京大百科全书编辑部工作。听说听觉已然完全失灵，交谈时需用笔写不能用口说。《鲁迅和张露薇》揭露他为汪伪政府作"国歌"的事没有听说过。有人证明，他在伪满的建国大学讲授《万叶集》，还给配属个日本人当助教，这点在该文中倒没有写进。

你看还有什么过去的事需用我回忆写出来，请即通知。

谨此，顺颂

近祺！

叶幼泉

3月27日

1990年6月10日

马加同志：

接到你在五月三十日写来的信，即拟在三两天后前往沈阳去看望你。但因为我虽不过是个告朔饩羊，这里却当作是识途老马。有些文稿，要及时提出审阅意见，或做些加工，以至未能如愿。这里承办《战线》这一刊物。时间虽不长，但却出现有值得注意的现象。有的人入主出奴，不是以文章质量做去取的标准，而是借此拉私人关系，塞进劣等次品。为纠正这种不应有的风气，协助主编同志，对经初步定下来的文章，再做一次审阅。同时，由于还没有物色到胜任审查文字、声韵和语法方面稿件的人才，有关这类来稿，已挤压很长时间未能及时处理，只好也由我充当"蜀中无大将，廖化作先锋"这样的角色，把这方面的稿子理一理，好向作者做出交代。以此，直到今天，才算可以告一段落。看情况。能在十五日腾出时间，不知那时可否前去看你，请见示。

来信所说这里去沈阳见到你的那位同志，叫米治国。他回来后，立即告诉我会见你的经过，对你抬接他的热情很为感谢。尤为对你淳朴谦和的风范，极表钦敬。这引起我几十年前的亲切回忆，愈想能尽快晤见，重温你这种久而弥笃的美德。

不知你能否抽出点时间，写些关于高崇民、车向忱、阎宝航诸先辈的革命事迹的文章？张庆泰同志是否现在沈阳，他能否愿写这样的文章？亦盼见示。

专此，顺致

敬礼

幼泉谨复

六月十日

1993年5月27日

马加同志：

您在4月22日写来的信早已收到，因我染患流感发高烧住院治疗，家里没有及时给我。直延至前天痊愈出院，才得披读。以此拖了一个多月始奉复，请予谅宥。

解放战争期间，我在华东军区工作。1947年国民党向山东重点进犯，随军转移，所有衣物都弃置在鲁中乡间。1948年重返时，已无从寻觅。落得旧日故物荡然无存。见嘱征求的关于《北国》《导报》等资料，及青年时照片，均无以应命。思之不胜歉疚。如需写一些有关回忆的材料，请见告，或可提供些许。

我已离休将近十年，但还与《社会科学战线》杂志社经常有联系。您如需要有关事务或材料，请见告。

光阴荏苒，我们都是年过八旬的老人了。正如来函所说，彼此要"多多保重"。据我个人的经验，值得重视的是莫患感冒。医院给我注射一个疗程的增强免疫力的药物"胸腺肽"，感觉颇具疗效。建议您也试试此物，以增强体质。

专此奉复，

顺致

阖府康宁！

叶幼泉

1993.5.27

王央公①给马加的信（2封）

1983年12月17日

马加同志：

　　首先祝您全家阖吉和身体好！

　　昨天接到您寄给我的《北国风云录》，当即把序言读完。内中提到孙快农、白乙化等英烈的名字，不禁怅然！虽是几十年前的事，但记忆犹新，种种情景，有如昨日。

　　以后我又翻到北海接头这段，把人引入真情实景。不是亲身参加一二·九运动，绝写不出这种动人的情景。其他章节，我还未读，但已把我的注意力凝聚在这本书上。我想读完这本书后，得益匪浅。今后有关您著的书或文章务必寄我，一饱晚年。即先简复。

　　您如来京，请以电话××××××。

　　敬礼

王央公

83.12.17

---

　　① 王央公系马加在华北抗日根据地随八路军采访时的战友，1937年参加八路军并入党，曾参加过一二·九运动。长期在军队工作。

另附上有关白乙化同志①剪报，请阅存。

1984年3月

马加同志：

祝您绥吉！

前蒙赠《北国风云录》一册，读后忆起"九一八"前东北的情景，以及日寇侵我东北和"一二·九"的前后的种种情况，映现在眼前。尤其书中的家乡土语，读时更觉格外亲切。我现在让孩子读，供他们多了解一下东北家乡的风土人情。

另，我于去年（1983年秋）离休后，把自身经历的事，写一些片段。比较突出的，如长春60军起义前后和应有的影响。草稿已寄出。另，我在朝鲜改造教育十六个国家的所谓联合国战俘工作，搞了四年多。正在汇集资料，尚未着手写。但我的拙笔恐拿不出手。我想先拿给你阅，并请修改推介之。因我不懂这方面知识，请予帮助才好！并亻回音

谨此致

敬礼

王央公

---

① 白乙化，辽宁人，革命烈士，曾任八路军团长。马加在晋察冀、平西等抗日根据地随军采访时相识，随其部队活动，并写作了记述白乙化部队行军的小说《宿营》。

关沫南^①给马加的信（3封）

1991年7月4日

马加兄：

谢谢您寄给我八八年^②夏您写完如今出版的《血映关山》^③。您出书总寄给我，使我非常感念。尤其这本书更使我感到亲切，读起来难以释手。

您是我们的先驱。接到书后这些天我曾想，在你们这一辈东北作家群里，如今健在的只剩您和罗烽、白朗、端木蕻良、骆宾基、雷加、李辉英、孔罗荪八个人了。这八个人里，罗烽、白朗、骆宾基、孔罗荪看样子因病难以再拿笔了。仍在写作的只有您和端木和雷加三位了。您仍如此勤奋，该是多么令人钦敬。更加深了我一向在做人上，文学上，以您为楷模的心情。

从东北流亡到北平，参加"左联"，再到延安文艺座谈会。参加抗战，实践文艺的群众路线，被关里人和全国文艺界称你们为"东北作家群"，这是你们老一辈东北作家走过的道路，共具的历史经历和特点。和这些经历和特点沾不上边的，不属于东北作家群。

---

① 关沫南系著名东北作家。满族，1946年入党，黑龙江省作家协会副主席。
② 应为1988年。
③ 指马加的长篇小说《血映关山——神州烽火录》。

我从来认为我们是你们的学生和后一辈，从未敢厚着脸皮想像一贴王麻子膏药贴在你们身上。历史毕竟是谁也改变不了的。我二十余年每日始终为买菜做饭等家务缠身，创作上受到影响。但我总始终向您学习，做个老实人。说些真话实话，像您那样踏踏实实朝前走。

愿您保重身体。问候您和申蔚同志好！

沫南

91.7.4

1993年12月27日

马加、申蔚师：

这两年当别人让我写回忆性的文字时，当你们老一辈的东北作家群的健在者日渐减少时，我总要想起你们，有时非常想念你们……我的心性使我重读白长青写的《通向作家之路——马加的创作生涯》。尤其当年您流浪北平，常常吃不上饱饭的那些篇章。你们进关参加抗战，我们这些后来者在东北受苦受难，不甘沉沦。大家都是为了什么呢……我在1992年付印的小说集《流逝的恋情》第一个中篇《哈尔滨郊夜噩梦》里，只是想含蓄地写写"复辟"这种思想的长期不易消逝。今天看来干脆是要恢复黑暗的沙皇专制制度了。那些被屠杀的被逮捕的人受难时，我读着写您的那本书，想起万千中国青年的理想，眼泪止不住流下来了。

1993年在哈尔滨，话剧音乐界故去了三个人。文学界写《雁飞塞北》的林予11月里故去了。前些天和我一起在沦陷时期写小说的王和（张志阁）也死了。最近话剧院一个院长和作曲家宫威又得了癌。癌和心脏、脑血管疾病在威胁着人。很多人晚年要花很多时间和疾病做斗争。我家因老伴患脑血管病、心脏病和糖尿病，三十年来是我每天做三顿饭，管全部家务，今后情况怕是更加严重。这是我缺失时间写东西的原因。

接到（贺）年片，知申蔚尿毒症手术好了①。真是不幸中的幸事。这也是不好治的病。

盼望你们每天适度活动，按时服药，加上蒜泡酒和生拌菜，以及食疗办法，保持健康，争取百岁开外的高寿是完全可能的。我伴随着你们一块来争取，只有多活才能多写。

这里的《老年报》过去登过一个外国94岁女人的照片，至今仍像二十几岁。她一生每天主要吃三样东西，一是酸奶，二是肉酱，三是大蒜，没什么病。

前些天和丛深同志见面，还谈起五十年代常去您任主席的东北作家协会开会的往事呢。当年的情景历历在目，少不了又想念你们。刘相如印了一本书，邀去开会，也谈到49年②沈阳开东北第一次文代会的事。他和杜印写的《在新事物面前》在那次会上首次演出的。

和您在85年③1月于北京开作协四大后，86年④又在丹东笔会上相见，如今匆匆又已近八年未见。（全面）抗战才八年啊，不见的时日不可谓不长，怎么能不想念你们呢！

逢年过节，通通音信，是所盼望的。但年岁大了，您不适合给我写多少，有张（贺）年片对我就够珍贵了。愿你们健康长寿，在新的1994年精神健旺，心情愉快！

敬礼！

沫南

1993年12月27日

夜于黑龙江（省）作协住所

---

① 马加夫人申玮1993年因患尿毒症在沈阳中国医大一院住院，后转院做了腹膜透析手术。手术比较成功。

② 应为1949年。

③ 应为1985年。

④ 应为1986年。

1997年1月27日

马加老师：

96年^①9月24日去沈阳参加您创作70年的研讨会，见您走路虽需人扶扶，但头脑和思维清楚，内脏也好像没有什么大病。听了大家和您的讲话，一直和您在一起，又扶您去餐厅，坐在一起吃的饭。晚上参加您设的家宴，又是坐在一起吃的饭。这次不但和长青^②熟了，还看了他的家和爱人。您的书房、书桌玻璃板下的照片，资料，我们坐在沙发上第一次这样地长谈，都留下永远难忘的印象。早晚我是要写下来的，也是非常欣慰的。

我会上讲话，称您为"五四"新文学运动以来的至今还活着的语言艺术大师，我认为这没有错。早已应该给您"大师"的称号了。将来写文章，我也要这么写的。希望您不必客气。

望您多保重身体，完成"中国新文学史料"^③上您正在写的文学回忆，并且再多写，只是不要太累。要有劳有逸，像巴金、冰心那样。

我回到哈尔滨，已经跟中共黑龙江省委管文学艺术的宣传部长靳国君汇报了沈阳您的会的情况，说了您想念北满和哈尔滨，还很想去佳木斯产生《江山村十日》的旧地去看看。我请他要把这些和省委书记们说说。时届春节，见到他们，我还可以说。

靳国君部长说，他读了您很多作品，黑龙江省委欢迎您来，那是没有问题的。只是年岁大了，还要不要去那么远的佳木斯？到时候还要和您再商量。我坚持如果真来时，至少要在哈尔滨开盛会欢迎。

我把沈阳研讨会的印象留着呢，想在迎接您来时写。

一切应以保护好您的身体为原则。如果跑一趟不利于您的身体，

---

① 应为1996年。

② 指马加的长子白长青。

③ 指马加正在《新文学史料》刊物上连载的长篇自传体回忆录《漂泊生涯》。

我建议和长青一起酝酿和准备到时候东北三省联合起来开您的九十寿诞庆祝会。到时候如果会在沈阳开，我就再去沈阳。

给马加老师、长青全家拜年，均望多多保重！

关沫南

1997年1月27日

（我又是因老伴心脏病、糖尿病发作去护理，写信晚了，希谅！）

赵淑侠①给马加的信（7封）

1984年6月28日

马加乡长：

收到寄来的书、小传、相片等等，谢谢。您的《北国风云录》，描写的全是我出生前的东北生活，令我看了对故乡也增多一些了解，也增多一些乡愁。

我长居海外，但对东北故乡常怀惦念之情。东北是个出作家的地方，几十年来出过不少优秀作家。把东北作家有系统的编在一起，介绍给海内外研究文学的人，应该是有意义的。本来只是想想而已，经萧军伯伯和骆宾基叔等乡前辈的鼓舞和支持，才真着手做了。到现在资料也不齐，还得陆续搜集。而每个作家的每本书都要经过仔细阅读、分析，对作家和作品有了透彻的了解，才好动笔列传。所以这本书编写成功还得待些时候。这本书将是我这个自小流浪在外的东北写作者，对故乡一点小小的贡献。

现在书名暂定为《三十年代的东北作家》。因为不限年代的话，东北作家就太多了，在编和选的方面都会遭遇到困难。因此也想请您把早期的作品尽量多赐寄一些（复印本也好）。我的构想是这本书完

---

① 赵淑侠为瑞士籍著名华裔女作家。原籍东北。

全以文论文，不提一字政治。这样对作家和读者，都较方便。您意以为否？

在您的小传中知道您与我的于大爷①熟。我幼年时在北平和他见过，还跟他一起吃过饭。所以称您一声乡长，可真不是客套，是应该的。谨此并祝

安好

赵淑侠
1984.6.28

1986年5月24日

马加乡长：

您好！我回到瑞士已经一个多月了，也许因为旅途劳顿的关系，回来就生了一场流行性感冒，躺了一个星期才复原。然后就是忙各类杂事，所以到今天才给您写这封信，请别怪我失礼才好。

这次到沈阳，承贵会热烈欢迎，陪伴参观旅游，真是盛情可感。而此行最大的收获，是认识了故乡的文友们，写文章的人。不管在海内海外，追求的都是一个目标，都是要为人类写出真善美的篇章。因此我们有共同语言。我这次的归国之行，自感十分满意。由北方到南方，气候纵有寒暖之差，人情却是同样的热情。而且想看的景物，想见的人，想浏览的山光水色，都看到见到了，可说此行不虚。

下星期我将去法国开会，正在准备各类材料中。行色匆匆，也就不多写了。您的夫人和公子白长青先生前请代问候。此外，还要特别烦您给问候金河、方冰、思基、谢廷宇、杨大群、阿红、晓凡、单复、邓立、王延才，以及陆明友诸先生。祝大家健康快乐，文章丰

---

① 此处应为于毅夫，抗战时期领导东北进步文艺工作的党的负责人之一，与东北流亡作家关系密切。

收。因为忙，我就不一一给他们写信了。祝

安好

淑侠上

1986年5月24日

1987年3月25日

马加乡长：

接到您的信，知您一切都好，正忙于创作，感到为您高兴。像您这样的文学工作者，真可以说是"写了一辈子"。写文章的人，好像有瘾，一写就停不了。我看我也是要写一辈子了。

《东北现代文学研究论文集》① 已收到。内容极丰富，很有分量。很多人以为东北多的是来开荒的"粗人"，通文墨的少。而事实上东北是个出作家的地方，文风兴盛。这是我们东北人该引以为傲的。

我最近是真忙，文化活动太多。中国人有幸参加国际性文学活动的机会不容易，所以不好随便放弃。我现在是瑞士作家协会会员，也是国际笔会会员，还是德国的亚洲太平洋中心会员。最近出版了一本德文版小说《梦痕》，是德国人给翻译的。这个月底我去美国，动身前要料理的事太多了，不多写了。给您问安，也问候您夫人和白长青先生。

淑侠上

1987.3.25

---

① 指王建中、白长青、董兴泉主编的《东北现代文学研究论文集》，辽宁大学出版社1986年9月出版。

1988年7月17日

马加乡长：

　　收到您的信，又看到您为卢湘大作《海外文星》的序文，谢谢您的鼓励和美言。只有再努力以报大家的厚望。

　　本来这次的归国之行，主要是去吉、黑两省。沈阳因上次去过，便预备节省时间过门不入了。但收到作协朋友和中山校友的热情邀请信，经过考虑，觉得怎么忙也得去和大家聚聚。我8月5日下午到沈阳，一天会文友，一天见校友。7日晚间必得乘夜车回北京。因为在北京不过四五天，要见的人，要办的事多极。因此，希望沈阳的朋友们无论如何能替我弄到三张回北京的卧铺票，而且要在一个房间。因为两个孩子不认识中文。没我在一起便什么也弄不清。先谢谢了！

　　想到就要见面，快乐无比。在此问候所有的文友，祝

　　您两位安好

晚

淑侠上

1988.7.17

1989年6月3日

马老：

　　见您给我叔叔的信，知您病了，住过医院。我为此不胜悬念，请您多多保重。

　　我两个妹妹淑敏、淑倬将去沈寻旧，为此我给市作协刘文玉兄和中山校友会都联络过，都回信说欢迎。现看到您的信，知也妥为安排一切，特别要谢谢您。金河、晓凡等等文坛后杰，已都算得是我的老友。您的公子白长青我也见面交谈过。说起来全不是外人（咱们东北

话）。我妹妹一定也与他们都谈得来的。

写这封信主要是问候您的健康。夏天来了，沈阳也够热，请多注意起居。您夫人可好？祝一切

顺遂

晚
淑侠敬上
1989年6月3日

1989年12月20日

马加乡长：

人在他乡，时间仿佛过得加倍的快。一年又尽，在此新的一年来临之际，十分惦念故乡的文友们。想起1986年和1988年我到沈阳与大家相聚的情形，甚觉温暖，可贵。今年夏天，我的两个妹妹初次返乡，文友们对她们的热情接待，也是至今难忘。我们虽然离得远，平日也无法见面，更无时间常常通信。但有文学相连，便有了共同语言。彼此都能感应到是多么的了解与接近。

您老人家也知道，我是个一人做数个人工作的，终日忙忙碌碌。因此虽然有心也无力给每个文友写信致候了。这张小小的卡片，便是寄给所有的沈阳的文友的。在此，先给您贺新年了，祝您健康长寿。再给刘文玉、梁山丁、方冰、金河、晓凡、白长青、单复等等文友贺岁。当然您夫人处我要特别请安问好。匆匆写这几个字，纸短心长。总之，愿大家都过得好，事事如意。

晚
赵淑侠敬上
1989.12.20

1995年4月11日

马加乡长：您老人家一切好!

年前我叔叔转来您给我的卡片，知申蔚乡长去世了，真的很难过，也能体谅您的失落的心情。不过生死乃人生的规律，是每个人都必走的路。您一向是坚强的人，必能节哀顺变，将思念化为优美的文章，留于后世的。

今年8月19日，我将应黑龙江省之邀回乡访问。而且带三个妹妹一个弟弟，他们都没回过东北。我的想法是带她们去寻根，认识故乡。路上我们将在沈阳停两天，其中有个节目是会晤文友（已七年没见面了）。与刘文玉先生已联系过，到时候会与您见面，此刻就不多写了。如您见到文友们，请说我问候。并请告之白长青老弟，说我将去沈阳的事。我比以前更忙，健康也不如以前。所以旅行很辛苦。匆匆，祝

安康

赵淑侠敬上
4月11日

赵宪武^①给马加的信（1封）

1985年9月26日

马加先生：

您好！

七日大札及附剪的《鸭绿江》两页，均收到。当即给淑侠转去，请释念。

《我与中山》稿，是中国作协讲习所张玉秋讲师烦其在《鸭绿江》学员陈秀庭给发表的。淑侠的作品在东北家乡，黑龙江和吉林各刊物上已发表甚多，在沈阳方面此是初次发表。您对淑侠，位居乡长，系前辈长者。您在沈阳乃众所钦仰的知名老作家。我惠请您在沈为淑侠登高一呼，向各方面多做介绍。随信附上新稿《剑河秋雨》一件，请看可否推荐发表？或如何之处，请复是盼。

今春我国教育部宣慰留学生代表团先抵瑞士。淑侠前从科隆会毕返抵瑞士，未久。我辽宁省副省长率团，和北京女作家张洁为文化交流，又先后均到瑞士。淑侠和她的丈夫均被使馆邀请出席，相互晤谈甚快。淑侠本月中旬从英国又刚回到瑞士，又接到了使馆请帖，出席中国文联代表团等一系列到瑞的各招待会。说她忙得心身交瘁，文章

---

① 赵宪武是赵淑侠的叔叔，居北京。

和信全写不了，让我转告您，待她忙过这一阵子，再给您写信。

淑侠何时归国有定时，我必函知您，望请勿念。

您的白内障得一点看不见了，才算成熟，才能动手术。因我动过手术，一点痛苦没有，不必担心。只是动手术后，前六七天仰面躺在床上不能动。眼睛上着药时有药布盖着看不见。得有家人陪住，喂饭和接小便等。此事，今夏梁山丁先生①来京晤谈时，我已请其向您转达。

您前函谈于毅夫的文章，已经出版了没有？如已出版了的话，淑侠希请赠送她一本。

专此，

顺颂

中秋佳节

全家快乐

赵宪武

1985.9.26

---

① 梁山丁又名邓立，笔名山丁，东北作家。

进藤纯孝给马加的信[①]（1封）

1986年

马加先生台鉴：

热情惠书并大作《北国风云录》均拜悉，承蒙惠念，不胜感谢。

余拟来年六月间前往长春东北师范学院一访。为期一个月左右。届时将再度拜访先生，并期待着一叙旧情，畅谈世事。

百忙之中，望多加保重。

谨祝：

大安、康健

愚：进藤纯孝

[①] 此信时间约在1986年。进藤纯孝系日本作家。

村田裕子①给马加的信（1封）

1986年5月29日

马加先生：

　　您好！

　　我刚刚收到您的《文集》第一卷②，很感谢您。

　　我认识的一位日本学者，在东京参加座谈会的时候，和晓凡先生见面。那时候晓凡先生委托他转给我您的书。

　　最近，我在一个研讨会上，报告了"1930年代初期的东北文学情况"。那时候，我提到您的《北国风云录》。那小说，对我来说很有意思。因为让我知道九一八事变当时的知识青年的心情。现在我对"流亡青年"③很感兴趣。而且，在日本，很少人知道当时的具体情况。以后有机会，我要介绍"流亡青年"（听我报告的学者们也对"流亡青年"很感兴趣的样子）。

　　回日本以后，已经过了一年多了，我经常怀念沈阳，很愿意再访。但一回国，就很难了。听说今夏八月份在哈尔滨要开个东北文学学术讨论会。如果我的研究所批准的话，我想要参加那会议。那时

---

　　① 村田裕子是日本学者，曾在沈阳留学。
　　② 指《马加文集》第一卷。
　　③ 此"流亡青年"，应指九一八事变后流亡关内的东北青年。

候，希望能够和您见面。

　　此致

　　祝您平安！

村田裕子

1986.5.29

　　又及：向晓凡先生问好！

卢湘给马加的信（1封）

1987年3月14日

马老：

　　信收悉。您要的材料，挂号寄出，晚几天就可以收到了。

　　蒙您慨允作序①，我十分感激高兴。只是又给您增加负担了。

　　我再三考虑，在东北这个"序"，唯有您写最合适。我不能有别的什么选择了。您在计划写作之余，畅想一下对淑侠的观感、友谊、乡情，也许是件乐事。特别是赵女士知道这个序由您来写（我已告诉她了），她也会十分高兴的。

　　您太忙，视力又不好，不必看太多我的原作了。总之，您不要累着。您直抒胸臆，记下您对淑侠女士的评说，再稍联系一下"传记"和作者情况就可以了。

　　谢谢您，辛苦了。

　　问候申蔚大嫂。

卢湘

---

① 指马加为卢湘的《海外文星》所写的序文。

王元化①给马加的信（1封）

1984年4月3日

马加同志：

　　去年西安一别，一年又过去了。想你还是那样好吧？

　　中国作协决定在今年十月二十日，柯仲平同志逝世二十周年时举行纪念活动。我拟请你写一篇文章，记得吗？还是1980年（79年？）我们在曾克家吃饭，你就说你可以写一篇纪念老柯的文章。现在时机来了。一定请你来一篇吧！反正，写点纪念文章，花不了多少精力时间，万勿给我吃闭门羹。

　　老柯的论文集出来时，我一定送你一套。

　　祝

　　双好

王元化

84.4.3

---

① 王元化系文艺评论家。

刘福春①给马加的信（4封）

1994年1月17日

马加先生：

十日信收到。谢谢。

《第三时期》②确为您作，非常高兴。不过，这本诗集已被出版。我就见到过一本。诗集里确有张露薇的一篇序言。这本诗集印的册数很少，1000本。1936年3月出版。您信中讲，因序言的关系，已决定不出这本诗集。看来这本诗集是被偷印的了。这本诗集现存很少，大多图书馆都没有。

① 刘福春系中国社会科学院文学研究所研究人员。

② 指马加早期在北平创作的长诗集《第三时期》。七七事变后北平沦陷，马加匆忙离开北平。当时他的诗集《第三时期》已经写完，正在印刷厂准备付印。马加离开北平后，一直不知此书是否已出版，也始终没有看到过此书。刘福春先生热情帮助联系，协助寻找，经过不懈努力，终于找到了马加在北平创作的两部早期诗集《第三时期》和《血腥地带》的下落，并与马加进行了联系，马加非常感谢。

马加的诗集《第三时期》写好后，张露薇（曾与马加、叶幼泉在北平一起主办《文学导报》。后因张露薇公开写文章攻击鲁迅，马加与叶幼泉与其进行了严肃的斗争，迫使其退出了《文学导报》社）未经马加同意，写了一篇序言放在前面。马加知道后，坚决反对张露薇自作主张给他写的这个"序"，遂毅然决定暂不出此书。后来此书是在马加不知晓的情况下，放上了张露薇的序言出版的。

谢谢您的来信。

即颂

近安

刘福春

1.17

1994年6月15日

马加先生：

信收到。《第三时期》现藏吉林省社会科学院图书馆，我也想复印一本。如果那里您有熟人，就请他们帮忙。不行的话，我去想办法。另外在图书馆，我还见到一本《血腥地带》，也是您的吧？书很旧，没有版权页，不知是什么时间出版的。您是否还记得，希能来信告诉我一些情况，可以吗？

上个月去沈阳，住了两天。有一天下午说是有个会，您可去参加。我联系好，去会上拜访您。可没想到会议又推到第二天。没能见到您，很遗憾。

随信寄去调查表一份，请抽空填写寄回。另外再寄信笺两张，可否在上面写几句关于《第三时期》这本诗集的话。我想以后将您的这本诗集封面拍下来，放在这张信笺上，这样有照片，又有您写的几句话，非常有意义。只是给您添了不少麻烦，在此先致谢意。

即颂

夏安

刘福春

94.6.15

1995年8月8日

马加先生:

　　您好!

　　去年您来信讲,请熟人在吉林省社科院图书馆复印《第三时期》,不知是否已复印。至于《血腥地带》,我托了一个朋友,还没有复印来。我再想办法,复印好后一定给您寄去。

　　近来身体好吧? 好久没有去信,很对不起。

　　即颂

　　夏安

刘福春
95.8.8

1995年9月12日

马加先生:

　　八月十三日信收到。《血腥地带》不在北京,而是在上海图书馆。我一定想办法联系复印。复印件一拿到就寄给您,请放心。

　　随信寄去份调查表,麻烦您能抽空填写。谢谢。

　　即颂

　　大安

刘福春
95.9.12

附：上海图书馆参考咨询部给马加的来函（1996.11.1）

马加先生：

您好！来信收悉。经查，我馆有您所写的三部著作。其中有长诗《第三时期》，1936年3月。北平文学导报社出版。署名白晓光[①]。

由于我馆正忙于搬迁，书均已捆扎，所以无法见到原书[②]。不知与您所要的《血腥地带》有什么关系。现在仅从书目等资料看，未见《血腥地带》。所以，如有必要，请您在今年12月20日我馆新馆开馆后，再来信联系复印等事项。同时也请您提供有关《血腥地带》的其他信息，如出版社，作者署名，副书名，或收录在什么丛书中等，以便我们进一步查找。

致

礼

上海图书馆参考咨询部

96.11.1

[①] 白晓光即马加当时的笔名。

[②] 上海图书馆参考咨询部来函后，马加早期的诗集《第三时期》在友人的帮助寻找下，终于找到了。但马加还是没有亲眼见到此书。事有凑巧，2003年，沈阳当地的一位著名的民间收藏家詹洪阁先生无意中听说辽宁省辽阳市的一位收藏家的家中存有这本书，乃其父辈所留存。遂经友好协商，藏家愿意把这本书回归作者所有。这样，晚年的马加终于见到了他早年写作的这本诗集。

孟宪仁^①给马加的信（2封）

1983年3月28日

马加同志：

一别三十年，备遭坎坷。然而三十年加起来还没有伪满一年的磨难多。不同社会制度下的坎坷还是有质的不同。说是命该如此，实际上是历史的必然。我如生在苏联，也会遭到同样的打击，定将万劫不复。一言以蔽之：还是新中国好，中国的党（中国共产党）好。我落实55号文件，考入辽大，当讲师。我最大的爱好是蛀书，最大的快乐是为党工作。寄居地球的日子无多，时间用在刀刃上，我已经没有闲余力量和时间用在读伤痕文学和发牢骚上。读书，写东西是我生活的一切。

我阅读了一年有关九一八事变的中日文史料，写了三篇有关九一八事变的历史小说（中篇）。两篇发表在《哈尔滨文艺》《小说林》。我收集了三年有关中日文学交流的中日文资料。年初着手写《中日文学交流史》。这将是死前最大的和最后的一件工作。

我在满族文学史年会先后见过您两次。那种场合不适合于找您谈话。但内心是不平静的。您的孩子在辽大^②，我几次想看看，总错了

---

① 孟宪仁是辽宁大学日本研究所教师，作家。

② 马加长子白长青1979年考入辽宁大学中文系文艺理论专业读硕士研究生，1982年毕业。其时孟宪仁在辽宁大学日本研究所任教，但两人并未见面。

机会。再想看，他已经考完硕士学位离开辽大。

偶然在故纸堆里找到一本不知谁的五十来年前的剪报簿，上面贴了当年您写的《登基前后》的广告，还有《马占山演义》的广告。我因为长年阅读九一八事变的资料，"九一八"是我精神世界里很重要的一角，不免感慨万分。《登基前后》的广告可能剪自上海《申报》，年代我推算不出来。这对研究东北作家史的同志将是很宝贵的文献资料，对您自己也是很好的一件纪念品。特复印一份给您寄去。

向申蔚同志问候，我们刚好三十年不见。有时间我还要探望你们的。

此致

敬礼

并祝健康长寿，合家安好

孟宪仁
83.3.28

1983年4月8日

马加同志：

接到您的回信，很受鼓舞。

在日本大修馆出版的《中国学艺大事典》（著者：进藤春雄，1978年版）上有关您的词条：

｛马加｝生年不详。现代作家。东北人。作品有描写土改的《江山村十日》。此外有短篇《双龙河》《滹沱河流域》《开不败的花朵》。其中《开不败的花朵》被公认为优秀作品。系描写1946年5月由张家口赴东北途中，击退投降蒋介石方面的蒙古土匪，横越东科尔沁草原时发生的种种事件。

日译本《开不败的花朵》，牧浩平译，《中国文学选书》弘道馆出版、1954年1月发行。

评论文章：《论马加的〈开不败的花朵〉》，诸井耕三作。收进《中国文艺座谈会札记》一书，1954年9月出版。

牧浩平的生平没有查到，因为他的译本出版年头已经有30年了，估计在日本买不到新书了。但在东京神保町古旧书肆中还可以买到。如果找到牧浩平的通信地址，可以同他通信索取。《开不败的花朵》可能还有别的版本。至于《中国文艺座谈会札记》一书，可能比较容易找到。

以上情况，供您参考。并代向申蔚同志问候！

此致

敬礼

孟宪仁

83.4.8

路地①给马加的信（1封）

1998年8月11日

马老：

惠寄的文集今日收到，甚为高兴。书印制得也很好。以后将陆续出吧。此书出版，可请长青写一书讯给我寄来，可在《满族文学》上发表。

好长时间未去沈阳，故未去探望。望马老多多保重，是我们晚生的期待和祝愿。

吾尚健，请释念。

恭祝

安泰

路地顿首

八月十一日

---

① 路地系满族作家，辽宁人，曾与关纪新合作主编《当代满族作家论》，著有诗集《鸭绿江吟》等。

陈玙①给马加的信（1封）

1996年9月2日

马老：

先问候您老人家好！

"预请函"及您的语重心长的附言都接到。读后既感亲切又不敢当。您是长者，"不吝赐教"的话实在教我汗颜。没有您的亲笔字，只要接到通知，我定当准时前往。几十年风风雨雨，在您的教诲和影响下，我们这些人，一茬接一茬地成长起来了。最初还有草明等老作家，但一个个都远走高飞了。只有您扛着东北文学的旗帜领着我们前进。对此我怎能不欣然前往。

您已八十高龄，千万保重身体。以后再有什么事情，让人通知我就可以了。别自己动手写了。这样反使我不安。

我一切都好，请勿惦念。

祝您身体康泰！

陈玙

1996.9.2

---

① 陈玙，作家，著有长篇小说《夜幕下的哈尔滨》等。

张涛①给马加的信（1封）

1998年3月23日

马老：

　　您好。

　　路地老师转来了您对《窑地》的意见。您逐章地指出优劣，这是我不曾想到的。一个晚辈的书劳您费神，真是不好意思。谢谢了！

　　作家出版社要再版《窑地》。您的意见非常及时，对于作品的修订是十分宝贵的。我将努力消化您的意见，以使《窑地》有一些起色。

　　您以米寿之龄关注一个晚辈的写作，晚辈有幸，文学有幸。

　　遥祝大安！

张涛
1998年3月23日

---

① 张涛系辽宁作家。著有长篇小说《窑地》，短篇小说集《地老天荒》等。

边冬艳①给马加的信（1封）

1983年11月13日

马加同志：

　　您好！

　　自今春座谈会以来，我在工作之余一直关注着您的作品，最近从《光明日报》上看到您写的文章，得知《北国风云录》已由中国青年出版社出版，发行全国，在此向您祝贺！

　　下面我把半年来研究您的作品的情况汇报一下：

　　一、写了《北国风云录》的评介文章，纳入全国教育学院系统编写的《中国当代百部长篇小说评介》一书，已付印，一月份出书。评介内容包括：作者简介、故事梗概、作品评介、评论综述、资料索引等五个部分。

　　二、为我院刊撰文《时代的风云，民族的颂歌》，原拟七月份刊出，因故稿件积压至今才付印，现把校样寄您一份，请指正。12月10日前后刊出。

　　三、中国当代文学研究室原定本月中旬在西安举行年会。在前文基础上我写了《爱国主义的赞歌》一文，寄去100份。但据说年会推

---

　　① 边冬艳系沈阳教育学院教师，一直关注和研究马加的创作。

迟了。在邀请信之后，没接到开会通知。本该事先征求您的意见，无奈时间紧迫，又不知您的住处，同时也担心打扰您的写作，不敢贸然前往。

现将两稿一并寄您，请您批评指正。您看是否可作为省、市文学年会的论文？很想亲聆您的教导。希在百忙中回一信。

祝您健康！

问候申蔚同志！

边冬艳

1983.11.13

吴秀春①给马加的信（1封）

1997年3月4日

马老：

　　您好：

　　首先给您拜个晚年！祝您新春快乐，身体健康！

　　从文学院毕业，一晃已经七八年了。回想起那时您和申老对我的关怀和培养，还记忆犹新和十分感动。去年时，才听说申老因病逝世，几次想动笔写点悼念文章，但都因时过境迁，再复提旧事未必有好的效果。何况我还没有什么名气，白纸黑字的东西是否有损恩师的高风亮节。不少人认为我"土"，根本成不了大器。因此，我赌这口气，不做与创作无关的任何交往。90年②我被聘到县文联工作。92年③我又去了鲁迅文学院进修，95年④初才回到北镇。在这期间，我共写了三部长篇，《半路夫妻》与《浮情》已发表。《隐情》还待出版中。《半路夫妻》还在北京开了作品研讨会，并改编了17集电视连续剧。

----

　　① 吴秀春原为辽宁北镇县（现北镇市）的农村妇女，喜爱文学，曾在辽宁文学院学习，陆续发表作品，成为女作家。

　　② 应为1990年。

　　③ 应为1992年。

　　④ 应为1995年。

1995年已在全国各地上演，并获东北三省"金虎杯"二等奖。去年，我也开始尝试写电视剧。如今四集剧本《早春三月》已被沈阳妇幼电视剧制作中心看中，只是苦于资金投拍。另有二十集电视剧《徐家三妯娌》也正在与沈阳某家电视中心联系修改中。此外，还将计划写一部长篇。

　　马老，从我的创作经历中，我感受到这条道路的艰难与自我的快乐。我知道自己的文化水平低，年龄又偏大，没有文凭，没有关系，所以处处都比别人付出的辛苦多，洒出的汗水泪水也多。但相对而言，得到的收获也多。这几年，我可以无愧地向您汇报，没有辜负您和诸位老师、领导，社会对我的关怀和培养。我的本质一直没有变，还一直保持着农村妇女的朴实和勤俭。如今我们全家户口都变成城市户口，住在市委家属楼中。一家七口四世同堂，生活虽然不太宽裕，但很和睦。但我这个做母亲的为自己的事业，使孩子们失去太多，也没有尽到自己的责任。每每想到这些，就有愧疚之感。但不管怎么说，我算是从旧世俗的枷锁中挣脱出来，能自由自在地奔自己所爱的事业了。

　　马老，您年龄那么大，还克服种种困难写作。这种精神对我是一种鼓舞和激励。您一定要保重自己，争取过个安乐健康的晚年！

　　我过些时去沈阳，一定去看望您老。

学生：吴秀春

1997年3月4日

中国青年出版社文学编辑室
给马加的信（1封）

1981年10月5日

马加同志：

　　您好！

　　本来早就想来信询问《北国风云录》结撰的情况的，总觉得打扰您不好。一催问无形中就会造成一种压力，反而影响您的情绪和构思。所以一直都压着。信虽未曾寄出，心绪一直是惦念着您的。非常希望知道这部长篇的进展情况。前些天，一个偶然的机会，看到大作《北国风云录》已经在《鸭绿江》上发表了。编者按里讲，它们将分四期连载前十八章——读到这里，我们是非常欣喜的。您苦奋了这么多年，作品终于问世了，这不能说不是一件大喜事。我们衷心地祝贺您！同时也分享您的愉快。因为它是您的作品，同时也是我们的作品。我们将把它精心打扮起来，给亿万青年送上一份美好的精神食粮。这对青年一代进行传统教育，将是一份生动形象的好教材。

　　我们尚不知道《北国风云录》除这十八章外，后面还有多少章节，这些章节是否已经脱稿还是正在结撰？这些望能赐书一告。假若全书已经结撰完毕，是否可以早日寄给我们，我们好及早做好出书事宜的安排。假若您还需要润色和续写后面章节，就请将大体脱稿的时间告诉我们，我们也好有个准备。

我们知道您一向是支持和关怀我们社的。愿意把《北国风云录》交我社出版，就是最好的支持。这点，我们是非常感谢的。黄伊同志虽然调离了我社，不管他在与不在，我们都将会认真处理您的作品的。

听候佳音！

祝

秋安

中国青年出版社文学编辑室

81年10月5日

王维玲①给马加的信（3封）

1981年10月6日

马加同志：

　　您好。

　　柳青同志在世时，曾在他来京住院期间，我们见过面。估计您可能忘了。

　　从《鸭绿江》上看到您的长篇《北国风云录》开始连载，今天又收到韶华同志给我的信，知道大作已经脱稿。这部书稿是我社的约稿，早在计划之中。过去柳青同志就多次和我提起过您，提起过这部约稿，要我们抓住出版。您既然已经脱稿，我们定当安排出版。更重要的是，您写的这样的题材，正是我社要抓的。我社一贯坚持革命传统教育。在文艺书的出版上，这方面题材占最主要的位置。

　　不知您的稿件进行到什么程度，我们什么时候可以拿到全稿？从现在开始我们就开始看《鸭绿江》，但我们还是希望尽快看到全稿。

　　从已发表的几章看，令人十分振奋。您的构思、整体设计、情节组织和两组人物的安排，都让人感到不凡。从生活出发，有很强的生

---

① 王维玲当时是中国青年出版社编辑。

活感受和时代感，我祝贺您的成功！

陈淼同志的《危难之间》已出版，书与稿费都给他寄去。他这部书初版印了十万册。在目前来说，很不少了。稿费与"人文"协商，按千字12元付酬。我给韶华同志寄去两册，请他转给您。

您写的《回忆柳青》一文，已收入我社编辑出版的《忆柳青》一书中。因等各方面的稿子，时间压得较长，但年内可发稿。

等候您的回信，希多联系。

致

敬礼！

王维玲

1981年10月6日

1981年10月14日

马加同志：

十月十二日来信收悉，甚喜。

您的大作《北国风云录》是当今少有的作品。对于您和您的作品，我一直是十分注意的。有柳青同志这层关系在内，就更不寻常。您的大作脱稿之后，不要寄，写信给我。我如能脱身，我去。我不能去，我则派人去取稿。全稿进入最后阶段，望您调动一切，成功地完成最后这一部分。

我们看了《鸭绿江》发表的部分，对全稿充满了信心。让我们加强联系，为出好这部书而努力。

十分遗憾，我们编辑部仅订阅了一本《鸭绿江》，还不容易及时看到。方便时，您让编辑部把发表部分按期寄给我一份，我也可以让美编同志看看，为出版这部书，做点准备。给您寄去的《危难之间》和《李自成》第三卷都收到了吧？

致以

敬礼

王维玲
十月十四日

1982年6月1日

马加同志：

您好。

尊作和序均以读过，甚喜。

我与尊稿的责任编辑南云瑞同志定于六月六日乘153次车离京赴沈，此行是专门和您商谈《北国风云录》的修改和出版事宜的。我们很快即可见面，一切待见面时再谈。

致以

敬礼！

王维玲
1982年6月1日

黄汶①给马加的信（1封）

1996年2月6日

马加同志：

您好！

一月二十九日的来信已悉。非常感谢您对我刊的大力支持。

《漂泊生涯》②的前十章安排在今年第一期发表，春节过后就可以见到书了。届时当根据您的要求寄奉样书。后面二十章的稿子，希望将已脱稿部分早日寄来，以便安排发稿。

李启伦同志已经因病退休，牛汉同志最近也在住院治肛肠病。您今后有事情可直接与罗君策、黄汶联系。

匆复，敬祝

春节快乐！

黄汶

二月六日

---

① 黄汶系《新文学史料》刊物编辑。

② 《漂泊生涯》是马加晚年创作的长篇自传体回忆录。该作品于1996年在《新文学史料》上开始连载。后收入《马加文集》中。

韩亚君①给马加的信（1封）

1991年2月22日

马老：

您好！

《血映关山》②已出，工厂刚送样书来。先寄您一本看看，以使您放心。等大批样书来后，再补寄样书。

这部书，马老您是费了许多心血的。您重视，我们也颇重视。既已出版，我们希望它会受到读者们的好评和欢迎。

顺祝

健康

韩亚君

91.2.22

---

① 韩亚君系中国青年出版社编辑，马加的长篇小说《血映关山——神州烽火录》的责任编辑。

② 《血映关山——神州烽火录》为马加的长篇小说《北国风云录》续集，1990年12月由中国青年出版社出版。

廖旭和①给杨建国（转马加）的信（1封）

1984年12月11日

杨建国同志：

11月17日来信，已由范敬宜同志转给我们处理。关于马加同志的《开不败的花朵》一书的外文出版情况，介绍于下：

《开不败的花朵》一书，我们于1959年列入选题计划，1960年发中文稿，翻译成英文和德文两种文版，英文于1961年11月出书，德文于1962年出书（具体时间无可查）。此书外文出书后，均未再版。马加同志对中文版是否做过修改，有空盼告。

此复　致

敬礼

廖旭和

1984年12月11日

---

① 廖旭和是外文出版社编辑。

吉林省通榆县评剧团王德发给马加的信（1封）

1979年4月13日

马加同志：

多年来并不知你在什么地方工作。前几天在地区开创作会，才了解到你的工作单位，为此才给你去信，谈谈以下几点情况：

我于59年①写了十一场评剧《开不败的花朵》，在地区会演后，并围绕着全区六个县演出三十几场。"文化大革命"我下乡了。该剧本原稿已失。最近为了向建国三十周年献礼，我又重新编写了七场评剧《开不败的花朵》。

这个戏的写法，是着重于我县当时的背景②和蒙（古族）汉（族）人民渴望翻身的情绪和表现。3月27日在地区创作大会已做过讨论。主要意见是，艺术性较好，现实意义不深。

为此我准备到你处去，争取一下修改意见。但因原稿没刊印出

---

① 应为1959年。

② 1946年5月，马加与夫人申玮随八路军干部小分队经内蒙古东科尔沁旗草原赴北满根据地。在途经草原时遭遇叛乱的地方武装，进行了一场战斗。后马加根据此次经历，写出著名的中篇小说《开不败的花朵》。当时在草原上经过的地方，就是王德发来信中所提到的瞻榆、开通县一带，后改为通榆县。

来，又担心找不到你的详细地址。

今去信后，希您能及时回信，提出或去，或把剧本寄去之意。因我如今准备试排，时间挺紧，特此忙草。

此致

敬礼

吉林省通榆县（即原瞻榆、开通合并）评剧团

王德发

79.4.13

晏甬、王麦①给马加的信（1封）

1999年2月18日

马加同志：

　　你好，春节好！

　　今天大年初三，在电视屏幕上看到了你，真是高兴。我们恐怕有十五年（晏甬少些）以上没有见面了。看到你精神很好，声音洪亮，谈到在东北土改的情况，分自己家的地，清清楚楚，这都是将近60年前的事了。

　　你还在写作吗？什么时候来北京开会，给我们打个电话，我们去看你。你把你家的电话告诉我们，好电话联系。我家的电话是××××××

　　再次祝你春节快乐，身体健康

　　长寿，长寿，再长寿！

---

　　① 晏甬、王麦夫妇是马加与夫人申玮的好友。马加夫人申玮是河南省尉氏县人，1919年1月9日生。早年在河南开封北仓女子中学读书时，即开始接受革命思想，秘密参加共产党领导的读书会等活动，并于1936年年底加入"民先"，正式参加革命工作。1937年10月入党。1938年参加新四军敌后挺进队，1939年5月被组织选送到延安学习，进延安中国女子大学，从延安女大毕业后到中央妇委工作。1942年在延安与马加结婚。王麦是她在开封北仓女中时的同学，一同走上革命道路，也到了延安。新中国成立后在纺织工业部工作。

孩子们好

晏甬

王麦

初三早，2月18日

尹璋、梁甫①给马加的信（1封）

1999年2月24日

马加同志：

　　春节好！在春节中看电视看到你，很高兴。

　　在正月初三早晨，我的小女儿（中学教师）打电话告诉我，她在看中央电视一台"东方时空"节目时，看到了马加伯伯谈土改的镜头。我听到这个消息后，随即查找重播时间，并电话告诉马彦同志。在当天下午，我和马彦同志都看了这个节目。看到你的近况，你精神好，谈得好，我们倍觉欣慰。希望你多多保重，身体健康。

　　老甫同志向你问好。

　　祝你

　　春节好，健康长寿，全家幸福。

尹璋

梁甫

恭贺

1999.2.24

---

　　① 尹璋、梁甫夫妇和信中的马彦都是马加夫妇的好友。尹璋和马彦都是马加夫人申玮在河南开封北仓女中时的同学，一同参加革命，一同去延安。

柳青女儿刘可风、刘梅风给马加的信（1封）

1978年9月12日

马加叔叔：

我们是柳青的女儿。今年5月份到北京去，原以为我爸爸的身体会一天天好起来，继续完成他的工作。万万没想到他竟永远离开了我们，不能写完人们期待已久的《创业史》。《创业史》的第一部发表在1959年，那时我们的爸爸仅仅四十三岁。到明年——1979年，二十年即将过去了。他为什么连计划的一半都不能完成，是他没有能力吗？是他没有构思成熟吗？还是他没有抓紧时间？不是的！像盖房子一样，他的砖瓦泥灰一应俱全。但他无论怎样努力，最终也不能盖起这座房子，而且是永远也盖不起来了。这是为什么？我们无法表达我们的心情。

马加叔叔，爸爸在世时时常谈起你。您和他在延安时期来往较多，关系很好。以后时常互相挂念，互相关心。他逝世后，您对他的深切悼念我们很感动，向您表示亲切的谢意。我们很爱自己的爸爸。因为他的革命品质和革命精神不仅在革命人民中，在我们子女的心中有着更加深刻的印象。我们觉得有必要把爸爸的一生做个粗浅的回忆整理，并且盼望得到您的帮助。希望您能回忆他的一些情况，向我们介绍。我们衷心感谢您的帮助。

还有一件事。今年第八期《鸭绿江》上有一篇陈淼同志回忆我爸爸的文章。我们无法搞到这本文艺期刊。您能否给我们弄两本寄来。如果可能，请寄"陕西省出版局刘可风收"，有困难就算了。

　　听说您身体也不太好，希望您注意保养。

　　此致
敬礼！

刘可风，刘梅风

九月十二日

东北作家王一叶儿子王黎给马加的信（1封）

1993年12月11日

尊敬的马加老同志：

　　您好。十月份荣幸去沈阳参加了东大七十年校庆暨张学良教育思想学术会。在《我们走过的路》拜读了您写的《昭陵二载》一文，其中提到早年东北作家有先父王一叶的名字，深感欣慰。因在"九一八"前，我还是孩子，也不在他身边，很多事不够了解。后来只在遗文和长辈传告中，略知他曾在"萃升书院"读书，教过同泽中学，编过《新亚》《民众》两报，文章很知名。他流亡北平后，我渐记些事，了解方多些。他早已在日寇投降前，被日寇宪兵队杀害牺牲。因我离休后，方有条件整理他一些遗留的诗文，唯对他"九一八"前的事知之甚少。他同龄前辈几乎凋零殆尽，鲜有人可问津了。

　　如蒙马老不吝赐教，请百忙中就所知先父那时文艺活动或有关事迹，能帮助回忆，写点东西，或能提供些资料线索，当不胜感谢之至。冒昧投书清扰，请允原谅。顺候。

　　康宁　不胜翘企之至

晚学　王黎敬上
1993年12月11日

抗日烈士孙快农①爱人吕静
给马加的信（2封）

1978年12月15日

马加、老金同志②：

你们好！

七月间去沈蒙你们热情招待，感激至深。归后，冠心病复发，一直拖至今日方致函谢，请谅。

我们内蒙古和沈阳一样，形势一片大好。对落实政策抓得很快。周惠同志调至内蒙古（自治区党委）任第一书记，气象一新，同志们对他印象很好。

天相去北京电影学院编剧进修班进修一年。如您在北京有事请给他去信示知。我现在仍在家休息。我总是想把老孙的革命事迹写上点，可是写不出像样的材料来，真是遗憾。不知您那《北国风云录》写到什么程度，是否将近完成。

我们这里都很好，请勿念。谨此

---

① 孙快农是马加在北平"左联"时期认识的友人，中共地下党员。在华北从事抗日活动。1940年7月在天津被敌人逮捕，同年12月被日寇杀害于北平南苑。

② 老金为辽宁省作家协会办公室金良模同志。

敬礼

吕静

78.12.15

1981年11月3日

马加、申玮同志：

你们好！

前接我老家黑山有人来信，谈到您的《北国风云录》已出版，我是非常高兴。您能做出这样大的贡献，并且还是将近七旬高龄的人，实在难得。我多么希望能早日给我寄来一部。

关于写老孙的回忆，已写了一些，但是极不成熟。一是想写在东北组织抗日义勇军。二是写在北平活动以及沈超被捕前后。有些已有了初稿。等我再加以修改，给您寄去。请您多多帮助。不知您现在身体怎样？您上次来信说，也想写回忆老孙的文章，我是特别欢迎。

我的工龄问题，经党组织调查属实，于五月份研究决定，从1936年算起。多年的问题得到解决，请放心。

我的孩子天相，正在搞影片《母亲湖》，是内蒙古（自治区党委）宣传部副部长云照光写的本子。上次去海拉尔拍外景，本想到沈阳看看您。因为时间紧，又是坐飞机，未能如愿。以后有机会，他是会去拜访您的。

我把您的通讯处记得很模糊，所以请接信后，示复。

谨此

敬礼

问全家好！

吕静

81.11.3

抗美援朝老战友张作田[①]
给马加的信（1封）

1984年12月3日

老领导，老战友——马加同志：

　　您是我党老一辈革命作家。在朝鲜战场和五十年（1953—1954年），你来原昌北县[②]采访时，咱就建立了深厚的革命感情。你在朝鲜战场战火纷飞中体验我们担架员的战斗生活，在关键、激烈、危险的时刻，你能身先士卒和奋不顾身，确实是一名革命作家的高贵素质。你在五十年[③]写一本很有文学性和故事性的《在祖国的东方》小说，不仅内容丰富翔实，文字也很朴实、亲切和生动引人。不少地方写出了革命者的乐观主义幽默性格。你真诚待人与正直无私的高尚品格和忠于革命的献身精神，给我留下很深的印象。多年来，虽然没有相逢面

---

　　① 1951年1月，马加参加抗美援朝赴朝，随志愿军后勤分部活动，和一支民工担架队一起生活、战斗。这支民工担架队，主要由来自辽宁省的民工组成。张作田即是来自辽宁省昌北县（今属昌图县）的民工担架队负责人，是马加在抗美援朝时的战友。回国后，马加根据他在朝鲜战场的这些生活，创作一部反映抗美援朝志愿军后勤分部民工队战斗生活的长篇小说《在祖国的东方》。1954年，该书由作家出版社出版。

　　② 辽宁省昌北县后来合并入昌图县。

　　③ 指1954年。

谈，我很想念你。我打听你多年，总想去看望你，始终没打听到你的住址，请你谅解。最近自己回忆参加革命的历程，才寄信向你问候。

从五十年代（1954年）你来原昌北县采访时，革命感情又加深了一步。以后听说你在东北作家协会做副主席工作。我那时也没机会去沈阳。1954年末两县（昌图、昌北）合并后，我就没出昌图县。在十年动乱期间，我靠边站十年之多，1978年3月份才安排工作。在省一轻厅领导下的省八面城甜菜育种站工作至今。这个单位虽归工口管，实质是农业科研事业单位。

根据中央和省委对各级领导班子建设的措施，按新时期干部队伍"四化"要求，选拔知识型、精英型、开拓型的优秀中青年干部组成各级领导班子，才能适应建设四化的需要。我最近将要离休或退居二线，这样做也是工作需要。党交给我的光荣任务——培养接班人，已培养成熟。

我的家庭情况很好。六个子女，走向社会独立生活的四个，还有两个子女在初、高中读书。我爱人在医院做妇幼工作。

老领导老战友接信后，请回音。以便前去看望你。没别的意思，就是革命感情深。想念你。

信虽短，战友之情长，不多写，再见。

原昌北县副县长尚斌同志现在是辽宁省水利厅厅长（在朝鲜战场时，他是昌北县担架支队队长，也就是你写的《在祖国的东方》小说中描写的曹斌。在小说中描写我是张有田）①

此致

祝你精神愉快　身体健康

您的战友

张作田亲笔

1984年12月3日

---

① 在长篇小说《在祖国的东方》中，张有田这个人物的原型即张作田。

佳木斯土改工作队员尹增昌^①给马加的信（2封）

1981年1月25日

尊敬的首长马加同志您好：

  30多年前江山村土改您的队员尹增昌又向您见面问候了。我在《人民文学》1980年11期见到《涅卡尔河畔的主人》^②的散文，使我又回忆起47年^③江山村土改时首长培养我参加组织，教育我成人，这是我永远难忘的。在您著的《江山村十日》，我在"文革"前在千山疗养，听到辽宁台广播的《江山村十日》。我给您去了一封信，您老给邮来一本书。不知叫谁借去了，没有还我。我到新华书店也没买到，我还想和您要一本做个晚年纪念。不知是否能给。

您的队员尹增昌　草

祝首长身体健康

1月25日

---

① 1947年，马加作为土改工作队的队长，在佳木斯郊区的江山村参加土改。1948年春，马加被调回东北文协搞专业创作，开始写反映北满土改生活的长篇小说《江山村十日》。1949年5月，长篇小说《江山村十日》由东北书店出版。尹增昌是当时的土改工作队员。

② 1980年夏，马加随中国作家代表团访问了德意志联邦共和国，回国后发表了散文《涅卡尔河畔的主人》。

③ 应为1947年。

1983年3月28日

首长马加同志：

您好，祝身体健康。

首长您还记得37年前的佳木斯江山村吧。我是江山村您老培养的文盲党员尹增昌。您在土改当中著的《江山村十日》，我读了几十遍。一直保持作为土改的纪念。我回忆起土改时，自己就像瞎子一样。被您教育，培养我扫盲毕业，能看书、看报、写简单的信了。我最近听我儿子尹进学说您又写出很多新的小说。我想和您要几本，做个晚年纪念，不知可否能给？还有个事情相求。进学在齐齐哈尔当兵，给您去过信。要求您老指导怎样写文章。您给他回信，指导和培养他，写过几篇都登了。现在又写了一个中篇小说，想请求您给修改，帮助指导。不知首长有时间否。请首长在百忙中给予回信，做个晚年纪念吧。

您的下级同志，土改队员尹增昌

敬礼

1983年3月28日

辽宁省新民县长山子村王恩成、卜广德
给马加的信（1封）

1993年6月15日

马加书记①

申蔚部长②：

　　您好！

　　我于四月末收到你的来信，内情皆知。特别二位老人身体康泰，尤其申蔚部长身体恢复得更好，生活正常，还能写些书法，现已享受天伦之乐。我看完信后，心中万分高兴。第二天我把信又转给广德③看了，他也对老人家的来信内容非常愉快。特别是马老已达八十三岁的高龄，身体健康，这是人生最后的幸福。我和广德祝愿马老、申蔚部长长寿，再多活十年到二十年，再长些更佳了。

　　从来信后，我和广德定于五月初前去你处看望。但事不随人愿。只因我身体不好，老病又犯，身体有些麻木。到现在用针灸治疗，所

---

　　① 20世纪60年代初至"文化大革命"前，马加曾在辽宁省新民县大喇嘛公社长山子大队（今新民市大喇嘛乡长山子村）长期深入生活。就住在当时的大队书记王恩成的家中。与王恩成及长山子村的农民群众建立了深厚的感情。当时马加兼任中共新民县委副书记。故新民县的同志常亲切地称他为"马书记"。

　　② 当时马加的夫人申玮兼任新民县委农村工作部副部长。

　　③ 卜广德也是长山子村的干部。

以没能达到愿望。原来广德下决心把我背到沈阳，也要看望马老和申部长。这个计划落空了。现在天气已进入夏季，天气炎热，看立秋后天气凉爽，我身体如能好转，我和广德定能前去看望老人家。

我和广德家中一切均好，希勿用惦念。下次再谈。

致以

崇高敬礼

王恩成

卜广德

1993年6月15日

辽宁省新民县兴隆公社干部高翔给马加的信（1封）

1983年4月10日

马加书记：

您好！

好久不见，很是怀念。

您三月三十日到大喇嘛公社时，委托公社同志捎给我的新作《北国风云录》，第二天我便收到了。非常感谢您的盛情厚意。手捧佳作，激动的心情难以用笔墨表达。

近几天，我在废寝忘食地拜读佳作。每当开卷，我便沉浸在三十年代北国画卷的乡土风情中，耳边仿佛响起革命时代激越的音符。我力求深刻领会文章的精髓，以丰富历史知识，陶冶自己的革命情操。

听说在不久就会召开《北国风云录》一书的文艺座谈会。如能有幸奉邀，定能欣然前往。如蒙您不弃，我将万分感激。

您和夫人身体都好吧，《北国风云录》之后，还得继续创作吧，祝愿下部（作品）早日问世。

啥时候有时间，到故乡看看吧！三中全会之后，农村面貌在变。从"九一八"到今年，已经半个世纪了。年华逝水，人事沧桑。我真希望有机会陪同您到辽河边一游，共同领略一下抚今追昔的心境。

我的工作，身体均好，请勿念。

祝您身体健康，高产！

给申蔚同志带好。

小学生：高翔

1983年4月10日

内蒙古宁城县四道沟公社四道沟大队
王振英、孙明、刘科①给马加的信（1封）

1972年1月29日

马加、申玮同志：

分别一个月了，非常想念。你的来信收到，内情尽知。听信上说"一切已就绪"，我们也就放心了。

你们在我队住的两年多来，为我们做了大量的工作，为打农业翻身仗贡献很大力量，同时对贫下中农无微不至的照顾。我们代表广大贫下中农表示衷心感谢。我们对你们生活上没有照顾到，表示抱歉。

现在我们革命、生产形势大好，农田基本建设继续进行。粪已送了二分之一，又办起了"五七"政治夜校，学政治，学文化，呈现出

---

① 1969年冬，马加和夫人申玮离开辽宁盘锦的辽宁省五七干校，被安排到内蒙古昭乌达盟宁城县四道沟公社四道沟大队（当时内蒙古昭乌达盟划归辽宁省）"插队落户"，继续走"五七道路"。小儿子白长鸿其时已是下乡知青，也随同他们去这里插队落户。

宁城县四道沟公社位处偏僻的山区，离县城120公里，是距离县城最远的公社，生活条件艰苦。马加夫妇在这里作为"五七"干部参加运动和各项活动，帮助整理编写村史、家史，同时参加劳动，在这里生活了两年多。1972年1月，马加夫妇转到辽宁省新民县作为"五七"干部继续"插队"。暂住在原新民县委党校院内。四道沟大队的干部王振英、孙明、刘科的来信，就是在这个时候。

一片欣欣向荣景象。我们今后一定要按毛主席的教导去工作，"路线是个纲，纲举目张"。狠抓阶级斗争和路线斗争的纲，推动全面工作。

现将长鸿同志的工分款寄去①，3060分，日值0.60元，合款183.60元。寄来的猪肉款已收到，猪肉是42.5斤，单价0.80元，合款34.00元。还余1.00元。同工分款一齐寄回，请查收。单据随信邮去。不多谈了，等有机会见面再谈或下次信中再谈吧。

此致

敬礼!

王振英、孙明、刘科

1972.1.29

---

① 马加小儿子白长鸿当时是四道沟公社的知青，同时还兼任当地小学的教师。

内蒙古宁城县四道沟公社四道沟大队干部给马加的信（1封）

1973年3月16日

马加、申玮两位同志：

你们好！全家均好吧。来信收到了，内情尽知。

转眼分别就是一年多了，甚为想念。尤其是您二位按照毛主席的"五七"道路的指示，来到我们大队以后，无论是在政治方面，（还是）精神方面，给予了我们极大的帮助和鼓舞，直到现在，每个干部，每个社员，都是念念不忘。你们真是毛主席的好干部，人民的好勤务员。是我们永远值得歌颂，永远值得学习的好榜样。

另外，把我处现在的情况向您二位汇报一下。现在我大队在上级派来的"转化后进队工作队"的帮助下，生产搞得热火朝天，劳动力实行了定额管理，土地实行了年度和季度作业小组。打了三眼抗旱井，开了一条水渠，又买了一台手扶拖拉机。

此外，随信寄去亢永生、孙明的家史各一份，村史和村史解说词各一份。

最后要求你们二位，把好的典型材料多给我们邮点来为盼。

此致

敬礼！

杨建民、赵廷顺、

郭金明、陈豁贵

1973年3月16日

马加给申玮的信① （2封）

1973年6月6日

玮：

别来十多天，甚为念念。

我在西安住了四天，参观了八路军办事处，很有意义。我们②又去临潼看了捉蒋亭。六月一日到了延安。你可以想象到，这地方对我们有多么深厚的感情。延河水，宝塔山，一山一水，都能引起我们的回忆。六天来，我们看了四处毛主席旧居：凤凰山，王家坪，枣园，杨家岭。杨家岭我去了三次，参观了中央大礼堂，办公厅，毛主席居住的窑洞。只有最后一次，我才找到你在妇委后山上的窑洞。最后两孔窑还存在，旁边有些窑已经塌了，住了一些群众。在杨家岭山下，我巧遇了邵秀莲，原来她是杨家岭老户，妇女主任，纺线能手，几次见到毛主席。她讲的细节非常真实动人，现在已经是七十一岁的老太婆了。我又很不容易找到了高区长③，他从干校回来，现在退休了。延安撤退时，他在山上打游击。他有两个孩子，

---

① 这是1973年6月，马加去延安访问时，给夫人申玮的信。

② 当时与马加同行的，还有辽宁省作协的作家晓凡。

③ 马加的夫人申玮在延安时，曾在延安的南区做过一段群众工作。高区长即当时的南区区长。

大孩子在人民公社。他是仅有留在延安的一名老干部。原来高区长爱人的嫂子就是邵秀莲，他们谈起来非常生动。枣园也很丰富，我还想去第二次。我住的文抗①的地方已经建立了工厂，我过去的窑洞一直没有找到。昨天，我给高区长送去了两瓶酒，我准备和他长谈。昨天，我去凤凰山，看了照片和《新华日报》，看见女大开学时毛主席的讲话。报上刊登1940年三八妇女节延安生产工作模范的名单，其中有你和马彦、银章②的名字。我准备后天去南泥湾，在这里再待上四五天，然后去石家庄。你们需要什么东西，写信告诉我。我在延安住南市招待所，即过去的边区交际处。你们原来南区区政府的房子，离这里很近。我找了几次，都没有找到。问人，许多人都说不知道。因为房子都变了，盖了大院套，现在成了市革委会办公地方，完全不像从前的样子。在这里，我照了一些相，不知怎样。准备带一些工艺纪念品回去。

我的身体很好，中间咳嗽两天，坏了肚子，现在好了。每天都跑十几里的路。延安有汽车，有时四五十分钟才来一次。走走路，对身体有好处。

家里情况怎样？来信寄到顺成③处，一星期后可到那里。

握手！

马加

6月6日

---

① "文抗"是马加在延安时从事文学创作的单位，全名应该是"中华全国文艺界抗敌协会延安分会"，是当时延安的作家们会聚的地方。

② 马彦、银章都是和马加夫人申玮一起从河南赴延安的战友。

③ 顺成是马加夫人申玮的弟弟，住在石家庄。

1973年6月15日

玮：

我已到石家庄。看到了你的来信，知道家里情况。你怎么得了病，你要注意治疗，就是好了，也要在家里休息几天。你要喝茶水，对肠炎有效治疗。另外，可到医院检查一下另外的病。

在路上，我只坏了两次肚子，吃合霉素，好了。因为有时累，疲倦。出来以后，要看的东西太多，太吸引人。有时去几遍，耽误了时间，收获也（却）是非常大的。十号去了南泥湾，第二天又在延安留了一天。革命纪念馆约我去给讲毛主席在延安文艺座谈会前后的情况，他们送给我一张毛主席与文艺工作者的合影，真是难得的。

到了石家庄，也有另外一些收获。白求恩墓已从唐县迁到了这里。他们（烈士陵园）给我介绍了白求恩生前的一些情节，并送给我一册白求恩的小册子。今天下雨，我又去了和平医院，他们那里有白求恩纪念馆，有许多白求恩的材料，日记，通信。我又记录了半天。准备明天去平山，从平山回来去一次大寨，离这里很近，也是难得的机会。到北京后，我还得待上一个礼拜。不仅要看熟人，而且有些人非看不可的。金肇野①准备领我去看王元，王元过去和白乙化②在一起。是个参谋长，他们一起战斗。还有老同学于卓等。他们对我的长篇创作材料（收集工作）帮助非常大。这次出来，是有决定意义的。在延安时，人民文学出版社负责人韦君宜打听我的长篇计划③。杨沫改好《青春之歌》，已着手写第二个长篇。有些老人

---

① 金肇野系木刻家、东北作家，曾任辽宁省农业厅厅长。著有《血沃长城》等。

② 白乙化，革命烈士，八路军团长，东北人。马加1941年在华北抗日根据地曾随其部队采访。

③ 指马加正在酝酿创作的长篇小说《北国风云录》。

也着手写长篇，多半都是过去的题材。我这次出来，很是时候。我也常联想到一些生活细节，作为长篇有机部分。再加上你的支持和帮助，我相信是能够完成的。

我准备在这里待五六天，然后去北京。如果有信，可寄王麦处。

祝你

健康!

马加

十五日